红色记忆®

57

战火纷飞　伉俪情深

海南省文化交流促进会　编

南海出版公司

2016·海口

图书在版编目（CIP）数据

红色记忆 . 57，战火纷飞 伉俪情深 / 海南省文化交流促进会编 . -- 海口：南海出版公司，2016.12（2025.1 重印）

ISBN978-7-5442-8735-7

Ⅰ . ①红… Ⅱ . ①海… Ⅲ . ①革命传统教育 – 中国 – 青少年读物 Ⅳ . ① D642-49

中国版本图书馆 CIP 数据核字（2016）第 315077 号

HONGSEJIYI · 57——ZHANHUO FENFEI KANGLI QINGSHEN

红色记忆 · 57——战火纷飞 伉俪情深

作　　者 海南省文化交流促进会
总 策 划 刘　栋
顾　　问 贾延岩
执行总编 任在齐
责任编辑 聂　敏
封面设计 郑广明
排版印务 白　多
发行总监 杨成春
出版发行 南海出版公司　电话：（0898）66568505
社　　址 海南省海口市海秀中路 51 号星华大厦五楼　邮编：570206
电子信箱 nhpublishing@163.com
经　　销 新华书店
印　　刷 天津睿意佳彩印刷有限公司
开　　本 787 毫米 ×1092 毫米　1/16
印　　张 6.75
字　　数 117 千字
版　　次 2016 年 12 月第 1 版　2025 年 1 月第 2 次印刷
书　　号 ISBN978-7-5442-8735-7
定　　价 39.80 元

对历史无知的人，没有真正的信仰可言；没有信仰的人，不可能拥有美好的理想，不可能胸怀崇高的情感，也就不可能担负起任何责任。用欲望文化代替历史教育，足以使一个国家的青年被腐蚀、使一个民族的希望被毁掉，使这个国家和民族被永世万代地奴役！

鉴于此，我们呼唤历史，唤回那段属于二十世纪的“红色”历史，唤回那段炮火硝烟、颠沛流离的历史，唤回那冲天的狼烟留下的悲壮回忆、岁月年轮沉淀的斑驳痕迹。历史不应该被忽略，更不应该被遗忘，牢记那段革命战争年代的红色历史更是责任。为了那些不应该被忘却的记忆，为了那些不应该被丢弃的信念，于是就有了这套《红色记忆》丛书。

曾记否，当草鞋与意志丈量出来的两万五千里穿越一个伟大民族五千年的荣辱兴衰，革命的火种被一路播撒、一路点燃。人迹罕至的雪山、荒无人烟的草地被鲜血浸透，衬映出一段光辉的里程；万水千山早已被远远地抛在身后，一轮红日在黄土高原磅礴而起。满目疮痍的河山在1936年10月温暖如春……

曾记否，当生命和鲜血浸染的十几年光阴将一种记忆铭刻进一个伟大民族的历史画卷，革命的火焰从星火到燎原。这栏杆拍遍、易水悲歌般的呼号，这折戟沉沙、慷慨赴义的悲壮，这铁马冰河、枕戈待旦的苦战，这红旗漫卷、所向披靡的豪迈……腔腔热血、铮铮铁骨早已被熔铸成一座不朽的丰碑，中华民族从苦难中百死后生的壮丽诗史凝结成了五星闪耀的红色记忆。

曾记否，中华人民共和国成立以来，又有无数英烈接过前辈用鲜血染红的旗帜，或壮怀激烈戍边卫国，或忠于职守鞠躬尽瘁，或绝甘分少奉献大爱，甘做国家强盛、人民富裕的铺路石，成为和平年代民族复兴的荣光，把人民心中的红色记忆浸染得分外鲜艳，永不褪色。

这红色记忆，是信念不衰、志向不改的崇高气节；这红色记忆，是无私无我、生属苍生的博大胸怀；这红色记忆，是敢为人先、披荆斩棘的拓荒精神；这红色记忆，是中华民族最宝贵的精神财富。它告诫我们，人事有代谢，传承无绝期。缅怀先烈精神，继承先烈遗志，是社会的道德和民族的良心，是后来者须臾不可忘怀的本分。

老一代人把历史的真实交付给我们，我们有责任用真实还原历史，传承给下一代，把那段岁月与现在年轻人的生活连接到一起，使他们眼中的历史变得立体、真实、可靠，让历史成为他们前进的动力。本丛书将那些流动的、随时会飘散在时间天际的事件凝固下来，希望透过这些文字、图片，感受到英雄们那坚定的革命信念，感受到那个年代澎湃的革命激情，真切体会那段“红色历史”。

忘记历史，就意味着背叛。让我们重温历史，缅怀先烈，从中汲取力量，毅然前行。

刘栋

目录

CONTENT

目录

CONTENT

中共党史上“弄假成真”的七对著名革命夫妻

文 / 王树人

在艰苦卓绝的革命战争时期，一些在国民党统治区从事地下工作的中国共产党党员，出于革命工作的需要，服从党组织的安排，假扮夫妻来迷惑敌人。由于双方有着共同的理想和追求，产生感情后，经党组织批准，就“弄假成真”变成了志同道合的真夫妻。

现综合有关资料的记载，把“弄假成真”的七对革命夫妻简介如下，以飨读者。

周文雍和陈铁军

周文雍，1905 年生于广东开平。1925 年加入中国共产党。曾参加省港大罢工和广州起义。历任广州工人代表大会特别委员会主席，中共广州市委组织部部长、工委书记，广州工人赤卫总队总指挥，广州苏维埃政府人民劳动委员，中共广东省委工人部部长。大革命失败后，和中共广东区委妇女委员陈铁军在广州建立党的秘密联络机关，对外假称夫妻。

和陈铁军假扮夫妻后，周文雍的主要工作是组织广州工人暴动。当时，在广州的汪精卫、陈公博等扮成“新左派”，鼓吹民主、自由，借以笼络人心。为了揭穿他们的真面目，周文雍率领数千名失业工人，在汪精卫的官邸葵园门前高喊口号，要求释放被捕工人。敌人恼羞成怒，派出大批军警镇压工人。周文雍受伤被捕。周文雍被捕后，党组织成立了营救小组，陈铁军和大家一起制订营救计划。陈铁军派人把关押周文雍的地点弄清楚后，又让人设法告诉周文雍不饮茶水，以引起“高烧”，说是患了伤寒；再发动狱中难友“起哄”，迫使敌人把周文雍从监狱送进医院；这时组织便衣武装，把周文雍从医院救出。周文雍被救出来后，仍与陈铁军假扮夫妻在广州做地下工作。不幸的是，由于叛徒告密，1928 年 1 月，周文雍和陈铁军同

周文雍和陈铁军夫妻在牢房窗前的结婚照

时被捕。敌人对他们施用了酷刑，但他们坚决不向敌人低头。同年2月6日，在他们被判处死刑，即将就义之时，周文雍在监狱墙壁上题写了一首《绝笔诗》："头可断，肢可折，革命精神不可灭。壮士头颅为党落，好汉身躯为群裂。"他还提出要和陈铁军合影，敌人同意了他的要求。他们并肩站在牢房窗前照了相，以作为他们的结婚照。在生命的最后时刻，在敌人的刑场上，他们举行了古今中外绝无仅有的、悲壮动人的刑场婚礼。

陈铁军，原名陈燮君。1904年3月生于广东佛山。1924年秋考入广东大学文学院预科。求学期间，为追求进步，决心跟着共产党走，她将原名"燮君"改为"铁军"。1925年参加五卅运动和省港大罢工的宣传工作。1926年4月加入中国共产党。1927年10月，受党的派遣，她装扮成周文雍的妻子，并参加了广州起义。1928年1月27日（正月初五），在组织广州市春季运动期间，被叛徒出卖与周文雍同时被捕。在狱中，他们备受酷刑，坚贞不屈。敌人无计可施，决定判处他们死刑。在共同进行革命斗争的过程中，周文雍和陈铁军产生了爱情。但为了革命事业，他们将爱情一直埋藏在心底。在生命的最后时刻，他们决定将埋藏在心底的爱情公布于众，在敌人的刑场上举行了革命者的婚礼，表现了大无畏的英雄气概。

1928年2月6日，在广州红花岗刑场，两位气吞山河的年轻共产党人面对敌人的枪口，把刑场作为结婚的礼堂，把反动派的枪声作为结婚的礼炮，从容不迫地举行了婚礼。其婚礼之悲壮，空前绝后。

熊瑾玎和朱瑞绶

熊瑾玎，1886年生于湖南长沙。曾参加毛泽东等同志组织的新民学会，在毛泽东创办的自修大学担任过教导主任。曾为毛泽东、何叔衡去上海参加党的一大筹措了旅费。1927年马日事变后，遭反动派通缉，于10月逃往汉口，并在这白色恐怖极其严重的时刻，经郭亮介绍，加入了中国共产党。1928年到上海，在中共中央机关任会计。后至湘鄂西苏区，任宣传教育部部长兼苏维埃政府秘书长。抗日战争和解放战争时期，任新华日报社总经理、晋绥日报社副总经理、解放区救济总会副秘

书长、中国人民救济总会监察委员会副主任等职。中华人民共和国成立后，历任中国人民政治协商会议第一届至第四届全国委员会委员、中国红十字会副会长。

朱瑞绶，1908年生于湖南长沙。1924年入长沙女子师范读书。1925年加入中国共产党。后在株洲做了一个时期的铁路工人子弟教学和职工家属工作后，因马日事变转入地下。1928年夏天到了上海。不久，也调到了中央政治局机关。

1928年，熊瑾玎在上海中共中央机关任会计，负责筹措经费，并奉命建立了中央政治局开会、办公的机关。由于对外用“福兴”字号老板的身份做掩护，经营酒店、钱庄、布店的生意，因此同志们便戏称他为“熊老板”。为掩人耳目，他和朱瑞绶假扮夫妻。后来于1928年8月结婚。

1931年，因顾顺章叛变，中央机关搬迁，熊瑾玎和朱瑞绶先后去湘鄂西苏区工作。第二年回到上海，二人同住中央交通机关。1933年4月8日，熊瑾玎去法租界给贺龙同志的家属送生活费。这时，贺龙同志家属已被逮捕，熊瑾玎被守候在那里的法国巡捕房捕去。熊瑾玎被捕后，根据党的指示，朱瑞绶积极设法营救，她找了宋庆龄，请了史良、唐豪、董康等律师。在第二次开庭时，朱瑞绶经组织同意随史良前往探望，不料在候审室门口被叛徒徐锡根指认，也遭拘押。朱瑞绶被关押了八个月，最终无罪获释，而熊瑾玎却被判了八年徒刑。1937年，随着抗日高潮的到来和国共合作形势的发展，毛泽民同志委派周恩来同志来上海探视和营救熊瑾玎。饱尝了四年又五个月的铁窗生活以后，熊瑾玎终于在抗日战争的炮声中获得了自由。从1938年起至1946年止，他一直在重庆任中央机关报《新华日报》的总经理，朱瑞绶也在报社工作。

1966年初，在熊瑾玎八十岁寿辰时，周恩来总理特地带着邓小平送给自己的两瓶绍兴花雕陈酒为他祝寿。1973年，熊瑾玎病危且已不能说话，周恩来不顾自己重病在身仍亲自去医院看望。熊瑾玎于1973年逝世，享年八十七岁。著有《革命老人徐特立》，出版有《熊瑾玎诗草》。1990年的时候，邓小平同志的女儿邓榕还曾拜访已经八十二岁的革命老人朱瑞绶。

任国桢和陈少敏

任国桢，祖籍山东。1898年生于辽宁安东（今丹东市）。原名任鸿锡，曾用名任国藩。1918年入北京大学俄文系预科。1924年加入中国共产党。1925年起，任中共奉天支部书记、哈尔滨《东北早报》编辑。1928年9月，任中共哈尔滨县委书记、市委书记。1929年任中共满洲省委委员、候补常委等。同年底赴上海，进入中央干部训练班学习。1930年2月，中共山东省委因出现叛徒而连遭破坏，几位主要领导人均被捕，省委机关也由济南转移到青岛，故中共中央派任国桢到山东，任临时省委书记，着手恢复党的组织。3月中旬，任国桢到达青岛后，首先要租间房子，作为省委秘密办公机关。但当时招贴租房启事都写着“没眷属不租”的字样。当时尚未结婚的任国桢，自然没有眷属，房子也就租不成了。为了能租到房子，更是为了掩护新来的省委书记，组织上便派陈少敏到任国桢身边，假扮夫妻，协助工作。陈少敏当时在工厂做工，白天在厂里上班，晚上陪着任国桢外出从事秘密活动。很快，山东的党组织就得到了恢复。任国桢到山东不到一年，又出了叛徒。为安全起见，组织上调任国桢到中共北方局工作。陈少敏也一同前往，协助任国桢工作。1930年12月，任国桢被中共北方局任命为中共北平市委书记、河北省委委员。任国桢、陈少敏二人在共同的战斗生活中相爱了，经组织批准，这对假夫妻成了真夫妻，并且生了一个女儿。1931年春，任国桢被调到天津工作，同年9月任中共唐山市委书记。10月9日以中共河北省委特派员身份到山西工作，21日由于叛徒出卖，于山西特委秘书处（太原市典膳所8号）被捕。在敌人的严刑逼供和叛徒的指证下，他大义凛然、威武不屈，于1931年11月13日被阎锡山杀害，年仅三十三岁。

任国桢牺牲后，陈少敏非常悲痛。从此，她再也没有结过婚。晚年，陈少敏还把任国桢的照片挂在卧室内。同别人说起爱人来，更是很动感情：“他呀，任国桢，任国桢！鲁迅的爱雏！他写的《苏俄文艺论战》一书，就是鲁迅先生给写的序！”

陈少敏，原名孙肇修。1902年生于山东寿光。1921年冬进入青岛日商内外棉纱厂做工。1928年加入中国共产党。曾和任国桢假扮夫妻从事秘密工作。曾任中共青岛市委工委委员。1930年随任国桢调往中共北方局工作。后和任国桢结为革命伴侣。曾任中共天津市委秘书长。1932年冬，因叛徒告密被捕。次年出狱后，先后担任中共唐山市委宣传部部长，冀鲁豫特委组织部部长、副书记，并在那里建立了冀鲁豫边区抗日武装第四支队。1936年被派往延安中央党校学习。1945年当选为中共第七届中央候补委员。解放战争时期，曾担任中共中央中原局常委兼组织部部长等职。中华人民共和国成立后，在任中国纺织工会主席期间，在青岛发现并总结推广了“郝建秀工作法”等。1953年后，曾任全国总工会副主席、党组副书记，全国人大常委会委员，全国政协常委。1956年8月在党的七届七中全会上递增为中央委员。1956年9月在中共八大上当选为中央委员。1977年12月在北京病逝，享年七十五岁。

李白和裘慧英

李白，1910年生于湖南浏阳，曾用名华初。1925年加入中国共产党。1927年参加湘赣边界秋收起义。1930年参加中国工农红军，曾任通信连指导员。参加过长

征。1937 年到上海，从事党的秘密电台工作。

李白到上海从事党的秘密电台工作后，当时的电台领导人龚饮冰（中华人民共和国成立后曾任中央统战部副部长等职），凭着自己长期从事地下斗争的丰富经验，认为李白身边必须有位女同志，与他假扮夫妻，这样才不致引起左邻右舍以及敌人的怀疑。因此，龚饮冰就亲自物色人选，把绸厂的青年女工裘慧英调到了李白身边。

裘慧英，又名裘兰芬。1917 年生于浙江嵊县（今嵊州市）的一个贫苦农民家庭。1929 年，十二岁的她到上海进入日商裕春绸厂、美亚绸厂当包身工，后受到厂里中共地下组织的启发教育，积极投入抗日救亡运动，1937 年 10 月进入普益绸厂。同年 12 月加入中国共产党。1938 年任中共沪西绸厂委员会委员，负责宣传工作。4 月奉调至中共中央驻上海的地下电台，和同延安来的李白扮成假夫妻，通宵达旦地收发电报，及时把延安中共中央的指示传达给上海地下党，又把日、伪的重要情报传递给中共中央。鉴于他们之间产生了纯洁的爱情，党组织便于 1940 年秋批准他们结为伴侣。

1942 年 9 月中秋前的深夜，在日本侵略军采取分区停电的办法搜索中共地下电台时，李白夫妇双双被捕，被押至日本宪兵司令部。敌人让裘慧英亲眼看着李白受刑，她虽心如刀割，但仍咬紧牙关推说丈夫做的事自己一概不知。半个月后裘慧英获释，她一面进大诚绸厂做工，一面接受组织嘱咐以妻子名义四处寻找李白的下落。1943 年 1 月，她打听到李白被关在极司斐尔路（今万航渡路）76 号，就以妻子身份入内探监。通过密语，知道李白咬定自己私设电台是替一个阔老板了解黄金价格升降消息，未涉及政治。由于李白一口咬定是为一个做生意的老板服务，帮朋友了解商业行情，而日军又未掌握实情，不知李白是为谁发报。在这样的情况下，受到酷刑折磨的李白后经地下党营救获释。

李白出狱后，为了避免敌人继续追踪，暂未恢复情报工作，由组织安排在良友糖果店当店员。日本投降后，国民党挑起内战，李白继续从事秘密电台工作，通过电台又把大量情报传送给党中央。1948 年 12 月 30 日凌晨，遭国民党武装特务包围搜查，李白夫妇和孩子一起被捕后，被押送到国民党警备司令部第二大队。1949 年 5 月 7 日，李白被国民党秘密杀害后，已出狱的裘慧英强忍巨大悲痛，继续忘我地为党工作。中华人民共和国成立后，裘慧英先后担任中共上海电信局基层支部副书记、上海邮电技工学校副校长、邮电工会上海市委员会副主席和顾问。1983 年离职休养。1992 年因病在上海逝世，终年七十五岁。

彭咏梧和江竹筠

彭咏梧，又名彭庆邦。1915 年 2 月生于重庆云阳红狮乡。1931 年，彭咏梧上中学时便投身共产党领导的抗日救亡活动。1937 年秋，他在省立万县师范学校就读时加入中华民族解放先锋队，次年加入中国共产党。1939 年 6 月，任省立万州师范特支书记，领导全校党的地下斗争。是年秋，受党组织委派到重庆，进入南方局党员干训班学习。学习结束后，被派往云阳、奉节等地开展革命斗争。1940 年秋，任中共云阳县委书记。1941 年秋奉命调到重庆，先后以大陆运输行业会计、中央信托局职员等公开身份为掩护从事革命工作。1943 年，党组织派江竹筠同他假扮夫妻，协助其工作。两年后，经党组织批准，两人结为夫妻，后生下儿子彭云。1947 年 1 月，参与领导了重庆六十三所大中学校师生进行的反抗美军暴行的大游行。后来中共川东临时工作委员会成立，任临委成员兼下川东地工委副书记，主要负责下川东的武装斗争。在云阳地区组建了川东民主联军下川东游击纵队（后改名为“中国共产党川东游击纵队”），并担任政治委员。1948 年 1 月 9 日，参与领导了下川东奉大巫起义。16 日，率游击队向巫溪方向转移时，突遭国民党军包围，为掩护战友突围英勇牺牲。时年三十三岁。

江竹筠，1920 年 8 月 20 日生于四川自贡大山铺江家湾的一个农民家庭。1928 年随母亲到重庆外婆家寄居，不久进厂当了童工。1932 年，进孤儿院小学免费读书。1936 年考入重庆南岸中学。1939 年考入中国公学附属中学读高中。她班上有个女同学，叫戴克宇，是共产党地下党员。戴克宇经常带些进步书刊让她阅读。她思想进步很快，不久就加入中国共产党。1940 年考入中华职业学校会计班，任该校党组织负责人。1941 年，任中共重庆市新市区区委委员。1943 年 5 月，出于工作需要，按党组织的要求，与彭咏梧同志假扮夫妻，组成一个“家庭”，作为重庆市委的秘密机关和地下党员学习的辅导中心。1944 年 5 月去成都，考入国立四川大学农学院学习，并以学生身份做群众工作。1945 年，经党组织批准，与彭咏梧正式结为夫妻。人们习惯称她“江姐”，以表敬爱之情。1946 年 7 月，江姐回到重庆做学运工作。在丈夫彭咏梧的直接领导下，江姐还担任了中共重庆市委地下刊物《挺进报》的联络和组织发行工作。1947 年，彭咏梧任中共川东临时委员会委员兼下川东地委副书记，领导武装斗争。江姐以川东临委及下川东地工委联络员的身份和丈夫一起

“弄假成真”的革命夫妻彭咏梧和江竹筠

奔赴斗争最前线。1948 年 1 月，彭咏梧不幸牺牲后，江姐强忍悲痛，毅然接替丈夫的工作。她说：“这条线的关系只有我熟悉，我应该在老彭倒下的地方继续战斗。”1948 年 6 月 14 日，由于叛徒的出卖，江姐不幸被捕，被关押在重庆渣滓洞监狱。国民党军统特务用尽各种酷刑，妄想从这个年轻的女共产党员身上打开缺口，以破获重庆地下党组织。面对敌人的严刑拷打，江姐始终坚贞不屈。1949 年 11 月 14 日，在重庆即将解放的前夕，江姐被国民党军统特务杀害于渣滓洞监狱，为共产主义理想献出了年仅二十九岁的生命。

王士光和王新

王士光，原名王光杰，是中华人民共和国主席刘少奇的夫人王光美的四哥。1915 年生于天津。二十世纪三十年代先在北京大学数学系读书，后转到清华大学电机系无线电专业。1936 年加入中华民族解放先锋队。1938 年 5 月加入中国共产党。同年在天津组建党的秘密电台。王光杰到解放区后，改名王士光。曾任冀察热辽军区无线电中队机务主任，晋冀鲁豫军区、华北军区通信处副处长。1947 年组建邯郸广播电台及时接替陕北广播电台工作，曾获中共晋冀鲁豫中央局和军区的特等功臣奖章和锦旗。中华人民共和国成立后，历任中央军委电信总局工业管理处处长，第二、第一、第三机械工业部无线电工业管理局副局长，第四机械工业部副部长，电子工业部总工程师，中国电子学会第一、第二届副理事长，北京市电子学会第一届理事长，国防装备委员会技术顾问，中共八大代表。

王新，原名王兰芬。原籍连山，1921 年出生在辽宁兴城一个颇有名望的官绅家庭。1936 年考入河北女子师范学校附属中学读书。就在这一年，年仅十五岁、还是中学生的王新加入了中国共产党。王新入党后的第二年，七七事变爆发，平津沦陷，王新留在天津，除了继续在学生中开展党的地下工作外，还与中共北方局保持着联系。1938 年夏，王新向党组织要求去根据地参加抗日斗争。不久，和王新单线联系的地下党员张洁清（彭真的夫人）通知她到河北南宫（今南宫市）抗大分校学习。王新以为将要奔赴根据地，顿时热血沸腾，准备投身抗日烽火中，但却被调到天津和王光杰假扮夫妻。

王光杰在清华大学电机系学习时，结识了中共党员姚依林（中华人民共和国成立后曾任国务院副总理等职）。姚依林在 1936 年后，出任中共天津市委宣传部部长、河北省委宣传部部长。1938 年 8 月，中共北方局需要在天津建立秘密电台。当时化名姚克广的姚依林知道王光杰精通无线电技术，以前在家中组装过无线电台，而且工作热情高，是筹建天津秘密电台的最佳人员。于是，1938 年 8 月 20 日，王光杰被姚依林从北平“招”到了天津。同年 9 月，姚依林安排王光杰在天津英租界伊甸园建立秘密地下机关，设置电台。为了掩护秘密工作，姚依林调来一位女中共党员，和王光杰装扮成夫妻，住在那里。这位女党员就是王新。姚依林按照地下工作的惯例，为王光杰、王新分别取了化名。白天，化名吴厚和的王光杰在天洋商场其同学开办的一家电料行当技师，修理收音机。这样不仅可以掩人耳目，而且容易搞到电台所需要的电信器材，而化名黄惠的王新则终日在“家”料理党的地下机关事务。在几个月的战斗生活中，共同的理想和使命将他们紧紧联结在一起。当王光杰生病时，王新像真正的妻子那样不怕脏、不怕累，日夜守护着；为了减轻王光杰的工作压力，从没有接触过无线电的王新也学会了发报。渐渐地，爱情的种子在他们的内心深处扎下了根。经中共地下组织批准，他俩于1938年12月26日正式结婚。

1939年8月，上级命令撤销秘密电台后，王新和王光杰一同离开天津，奔赴平西革命根据地。王光杰改名王士光，担任冀察热辽军区司令部无线电中队机务主任。王新则去了房山、涞水、涿县（今涿州市）一带开展妇女工作。不久，由于战场形势的变化，夫妇之间失去了联系，但他们始终爱情专一地互相等待着。直到1947年底，断绝音信长达八年的王新和王光杰才重新相逢。王新在组织的安排下，穿过一道道封锁线，越过几个解放区，终于回到了丈夫身边。短暂的团聚后，这对革命夫妻又开始投入新的战斗生活。

中华人民共和国成立后，王士光继续为人民通信事业呕心沥血，曾担任四机部（电子工业部）副部长等职，王新则被分配到北京邮电设计院工作。1974年国庆节，王士光和王新一起应邀参加了国庆招待会。2003年6月24日，王士光在北京逝世，享年八十八岁。

杨光华和冯永莹

杨光华，化名子才、巴本、老周。1908年7月28日出生于湖北嘉鱼。1926年在洪湖组织制扇工会，担任纠察队队长。1927年加入中国共产党。1928年参加沔阳秋收起义，组建洪湖地下党组织。历任贺龙领导的工农革命军党代表，中共沔阳县委书记，中共湘鄂西临时省委组织部部长、代理省委书记、书记。1932年8月到上海中央局互济总会工作，后任组织部部长。1933年6月至1934年3月任中共江苏省委秘书长。1934年10月任中共满洲省委代理书记。1935年4月去苏联。受“左”倾机会主义迫害，于1937年1月被判刑并送进集中营。1946年释放后在苏联当工人。1956年回国后，先后任黑龙江省党史研究所顾问，湖北省政协委员、常委。1991年8月26日因病在湖北省武汉市逝世。

冯永莹，1913年出生于江苏武进（今常州市武进区）。1934年来到东北，到中

共满洲省委做地下工作。1936 年进入苏联莫斯科大学学习军事理论。1945 年秋，到热河公安局工作。1948 年，调任东北烈士子弟学校校长。1952 年，调任东北烈士纪念馆当馆长。1962 年，调任湖北省政协秘书处副处长。1983 年离休。现居住湖北省武汉市。

冯永莹参加革命主要是受其二哥的影响，其二哥就是叱咤风云的东北抗日联军将领冯仲云。1931 年九一八事变后，冯永莹决定到哈尔滨去找二哥冯仲云。到了哈尔滨，二哥提出由她来搜集情报，并负责处理中共满洲省委的一些文件。1934 年，团省委书记刘明佛被捕叛变，省委机关遭到破坏。同年 10 月，中央派杨光华来哈尔滨代理中共满洲省委书记，又组成新的省委。为避免暴露身份，党组织决定让杨光华与冯永莹同居一室，假扮夫妻。后来，因两人之间有了感情，党组织就批准两人结了婚。

1935 年 4 月，王明、康生将杨光华等人调往莫斯科。不久杨光华被共产国际认定为“内奸”，然后将他流放。1936 年春天，冯永莹来到苏联。共产国际名义上安排她到莫斯科大学学习，实际上是对她进行监控。她根本没有见到杨光华。

1938 年，冯永莹从苏联回到新疆，以小学教师的身份继续为党从事地下工作。1939 年与他人结婚。1941 年初被组织上调往延安任延安被服厂会计。几年后，婚姻破裂。1945 年，冯永莹去了哈尔滨，又回到二哥冯仲云身边。

1956 年，杨光华在被苏联控制多年之后，终于回到祖国。他在哈尔滨找到了冯永莹，在经历了二十一年的坎坷之后，两人终于又走到了一起。二十世纪六十年代初，两人调到湖北武汉工作。

（本文发表于 2014 年 2 月 7 日，选自《党史博采》）

军旅伉俪携手闯硝烟

文／郝美俏

“工农兵学商，一起来救亡……”家住西城的开国少将李真将军的夫人刘瑞言老人，虽然已是九十二岁高龄，但唱起当年的《救亡进行曲》，依然铿锵有力、慷慨激昂。

李　真

刚刚举行完的盛大阅兵，让刘瑞言很是难忘，战争年代的往事不禁浮现脑海。“到现在我也不能忘记，多少乡亲们在敌人的狼狗咬、皮鞭抽，甚至吊颈、活埋的淫威下生活，当年日寇对我们中国人的罪行是罪不可恕，我们今天要教育后代，千万不能忘记那段历史。”老人说。

投身革命　文化抗日

1923年，刘瑞言出生在河北安平的一户地主家庭，从小就去上私塾。1937年七七事变后，日本开始全面侵华，抗日战争随之全面爆发，刘瑞言的家人陆续投身革命，开始了积极抗日。

1938年7月，十五岁的刘瑞言在当地师范念书。她一面接受先进的革命教育，一面受家人的影响，很快参加了革命，加之在学校表现良好，9月又加入了中国共产党。1941年春，刘瑞言参加了八路军，到冀中军区警备旅六分区文化部当文化教员，主要负责教战士识字、唱抗日歌曲，组织儿童团查路条等工作。

刘瑞言告诉笔者，印象最深的抗战歌曲是《大刀进行曲》，但最爱唱的还是《救亡进行曲》。“这首歌当时在全国很流行，唤醒了广大民众走上抗日救亡的道路。”

南征北战　夫唱妇随

刘瑞言很快与冀中军区六分区的战士们熟识，当时李真将军是冀中军区六分区的卫生部部长。也就是在那会儿刘瑞言结识了后来的丈夫李真。1941 年，刘瑞言和李真结婚后，除了本职工作，她开始了和丈夫南征北战的岁月。

1943 年 1 月上旬，“李真接到组织的要求，回平汉路西再到晋察冀边区，这一路上都需要乔装成老百姓，进行游击活动。”刘瑞言向笔者讲述，“这段路有两百多里地，我同警卫员小郝和他一同前行，敌寇汉奸的威胁成了最大的危险，环境残酷，加之那时我已经有几个月的身孕，完成任务就显得更加困难。”

“这一路上，要随时躲避敌人的‘清剿’，走在敌占区，我们都把‘良民证’装在上衣口袋，另外把手枪上膛藏在衣服里面，随时做好牺牲的准备。”刘瑞言告诉笔者。几经曲折，他们最终与交通站的地下工作人员对上暗号，成功完成了组织交给的任务。

这一年，刘瑞言和李真的第一个孩子也出生了。因为要躲避敌人的围追堵截，且山洞里面生产条件有限，加之产后感染，她患上了“产褥热”，发烧到四十摄氏度，下腹剧痛。李真就用火烤过的砖头包裹上布给她做热敷。凭着自身的抵抗力和惊人的毅力，刘瑞言死里逃生。

丈夫负伤　深山避险

1943 年 9 月间，晋察冀北岳区的反“扫荡”紧张起来，李真受了严重的贯穿伤，危在旦夕，刘瑞言承担起照顾丈夫的重任。

10 月末，敌军要开始“荡平”神仙山，组织上要求把重伤病员就地隐蔽以防不测。因为丈夫的伤势很重，刘瑞言和一个十六七岁的战士小刘负责转移李真。“刚刚出村不久，敌人就开始‘围剿’搜山，情急之下我们就躲进一个曾经是羊倌歇晌的山洞里面。小刘刚放下李真，想去外面取水，就碰见两三个搜山的鬼子。”刘瑞言回忆着当时惊心动魄的场面。

机灵的小刘带着日军往没有藏人的深沟里面走去。日军并没有就此罢休，用火熏山洞，破坏可以吃的植物，在溪水边设立岗哨，在湿润的泥土上拉屎撒尿，还放火烧掉所有没有割倒的秸秆，把断绝水源和粮食作为搜山战术的一部分。“连续几个白天黑夜都是在饥渴中度过的，最后我找来石片和树枝，在洞口背阴的地方把草根挖出来填饱了肚子。”老人说，最终，日军空手而归，反“扫荡”胜利了。

（本文发表于 2015 年 9 月 8 日，选自《北京日报》）

新四军抗战伉俪：
白衣天使和作战参谋结缘浙东纵队

文／胡昕然

七十年前，烽火连天神州碎，一场“地无分南北，人无分老幼”的全民抗战，使这个近代饱受外侮的古老民族跻身世界四强之列。

胜利丰碑之下，有领袖的智慧和爱国将领们的运筹，但更多的是千千万万默默无闻的士兵们的血肉、意志和精魂。

看着报纸上美国飞行员的老照片，盛老又回忆起当年为他治疗时的往事

“中国不会亡，中国不会亡……宁愿死不退让，宁愿死不投降。我们的国旗在重围中飘荡、飘荡、飘荡……”正是有了他们，我们今天才能成为一个堂堂正正的中国人。

七十年后，浴血烽火的青年已是耄耋老者。然而他们的经历，却是抗战史册中最鲜明的画卷；他们的追忆，是最贴近真实和最个人化的历史还原。英雄者，国之干，勇士不死，其魂长存。

一个是十五岁就参加新四军的上海姑娘，在烽火岁月中成长为坚强的“战地天使”；一个是国防大学高级系毕业的浙江小伙，十六岁参军、入党，抗战时期就被评为浙东纵队司令部的模范党员，如今仍任北京新四军研究会副会长兼浙东分会会长。

2015年5月12日是国际护士节，笔者慕名来到新四军老战士盛林、唐炎夫妇位于北京海淀区的家中。

唐炎、盛林夫妇在北京海淀区的家中

“像我们这样双双健在的革命老同志真的不多了。”八十九岁的盛林看着身旁的是丈夫亦是战友的九十三岁的唐炎，流露出满满的幸福。

午后温暖的阳光里，二老静静地端坐在彼此身旁，笔者在此刻按下快门。

“哈哈！这张照片把唐炎拍得好！到时候要微信发给我呀。”盛林爽朗地大笑起来，一旁的唐炎笑得眉眼弯弯，温柔地看着老伴。

谁能想到，眼前这对慈眉善目的老人，十五六岁就加入新四军，将自己全部的青春奉献给了祖国和人民。如今时光已过去近八十载，但当他们回忆起那段气吞山河的抗日岁月，仍然激动难抑。

十五岁以死相逼加入新四军

盛林老人今年八十九岁，思维清晰，外向健谈。虽然她已在北京生活了六十多年，还是一口改不了的上海乡音。

1926 年，盛林出生于经商之家。彼时外祖父经营的棉货行因大批日货进入而被冲垮，家道从此败落。1937 年抗战开始，十一岁的盛林与家人空手逃到上海租界里。“字画、家具、首饰，什么都没有了，有时候我还要做点针线活补贴家用。”

盛林的父亲在她出生那年秘密成为中共地下党员，但回到家却没有地位。“在我们上海文化里，男人要是不养家、不管家就绝对不行。从小我就不叫他父亲，有时候他回家我都不理他。”

终于有一次，盛林开始意识到父亲工作的重要性。当时盛林在租界的家已成为父亲从事救亡工作的联络点。“白天晚上，家里总是来来往往很多人。”“有天夜里，家里突然闯进六七个全副武装佩枪的警察，把我吓哭了。他们冲进来就说要找黄逸峰（苏北联抗司令员），把家里翻了个底朝天，连米袋都查了。黄逸峰确实经常来我们家，但是当天恰好他和父亲都不在。”之后，盛林的父亲离开上海，去安徽参加了新四军。

在上海培真中学读初一那年，盛林在一位陶老师的指引下，第一次萌发了革命的念头。“陶老师知道我父亲去参加新四军，对我说了一番话触动很大，”盛老的声音低了下去，“他说：‘先尽国忠，后尽家孝，忠孝不能两全。你跟随父亲去抗日吧！’”

之后，陶老师介绍盛林读了很多革命书籍。“《大众哲学》《中国革命运动史》，还有丁玲、鲁迅、巴金等的书。”心怀革命之心的盛林去恳求父亲在上海的朋友带她去革命，但都被婉拒了，“跟我说你还小，再等等”。

“当时我外祖母一心想我能嫁个有钱丈夫，或者去公司里做个女营业员。”烈性子的盛林哪里肯依，她愤愤地说，“叫我去做花瓶，绝对不可能！”

后来，机会来了，盛林得知父亲已从安徽回到上海，就想方设法找到父亲求她带自己去参军。“父亲起初也不答应，但是因为我实在太倔了，他没办法只能答应。”

但是过了父亲这关也没用，外祖母一听到女婿要将自己疼爱的盛林带走参军，情急之下就要跑去警局告盛林的父亲拐小孩。犟脾气的盛林也急了，冲着外祖母喊道：“是我自己要走的，你不让我走我就去自杀！”最终，外祖母只能妥协。

讲到这里，坚强的盛老也忍不住红了眼圈。

南丁格尔般的战地铁娘子

“1941 年 4 月 17 日，我永远记得那天。”因为那天，盛林如愿加入了新四军第一师第一旅政治部的战地服务团，从此展开了自己救死扶伤的一生。

“1941 年很残酷。日军实行‘三光政策’，杀光、烧光、抢光，前方新四军作战形势艰难，我们后方医院也很辛苦。”盛林被派到距离前线最近的秦江地区，那里有几十名伤员被安置在老百姓家里等待就医。盛林每天乔装打扮成农妇背着竹篮去老百姓家里为伤员换药、注射药剂。最终，在盛林的悉心照料下，几十名重伤伤员全部康复。

1942 年 2 月，因表现突出，十七岁的盛林被破格批准提前转正入党。

1943 年 3 月的一天，盛林奉命从新四军军部调往浙东纵队，她也因此经历了从军生涯中最惊魂的一天。

当时其他七名同去的医务员的介绍信都由电报提前发送过去了，只有盛林一人怀揣一封由刘少奇签名的介绍信乘海船上路。“有一天天气晴朗，我晕船吐得一塌糊涂，就躺在甲板上晒太阳。突然，听见一阵滴滴答答的汽艇逼近的声音。心里咯噔一下，鬼子来了！当时脑海里全部都是百姓说的鬼子烧杀劫掠、无恶不作的场景，我当时心都凉了，甚至都想跳船死了算了。”

“没多久，一拨全副武装的鬼子就上了我们船，还有随行的几个伪军和翻译。”情急之下，盛林他们谎称是从浦东回宁波老家的。所幸同船的同志都在部队里培训过宁波方言，一时没有露馅。

“鬼子将信将疑，开始彻底搜身，管你男的还是女的。”老人说到这里，依然十分气愤，声音提高了一个八度。

“我那封刘少奇签字的介绍信一旦被搜到，全船人哪里还有命！”盛老越说越

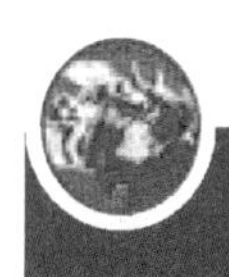

急促，“还好啊还好，当时大家穿的比较多，介绍信用的宣纸又特别软，缝在棉服内侧，没有被发现。”

讲完这段最接近死亡的故事，老人好久才平静下来。

在战争的洗礼中，盛林成长为一名和南丁格尔一样的战地铁娘子。她在战场上搭帐篷给伤员做手术，全然不顾随时可能落在头上的炮弹。“尽我所能，多救一个是一个！”

战地伉俪共建军人之家

盛老的丈夫唐炎刚出院不久，说话还带着一丝沙哑，他在一旁静静地听着妻子的烽火岁月，说到关键处，时不时点点头表示肯定。

唐炎是皖南事变的幸存者。当时身为新四军教导总队第一大队军事教员干事的唐炎在国民党七个师“围剿”的严峻形势中，成为少数有幸生还的人中的一员。

1944 年，盛林和唐炎在浙东司令部相识。一个是司令部诊所所长，一个是作战参谋，同属一个支部。

“他当时有点内向，长得不错！”盛林老人谈起和老伴的相识，又笑成一团。

“谈这些干吗！”唐老有点害羞地把头转向一边。

1946 年，两人双双调回山东新四军教导大队工作后，向组织打了结婚报告。然而，由于两人长期行军作战，婚后一直两地分居，“直到 1951 年才在南京算有个家”。1959 年，两人一起到了北京。唐炎在中央军委国防科委工作，盛林则转业到北京妇产医院担任产科副主任。

二老走过了烽火岁月，也孕育出了革命的后代。“一共有四个孩子，三个都当过兵！”盛林老人特别自豪地说。孙辈里也有让革命老人倍感欣慰的，“大女儿的儿子，现在在装甲兵工程学院训练部做参谋，少校军衔，才二十九岁就已经立过两次三等功”。

“经过抗战的洗礼，我们对于党和部队的感情，没有办法描述。幸福来之不易，我们无愧于党和人民！”

（本文发表于 2015 年 5 月 28 日，选自浙江在线网）

革命伉俪书写抗日传奇

文／孙桂龙　蔺建丽

孙波（左）与丈夫王汝之

一对革命伉俪，在抗日战争中相识相知，抗战胜利后结为夫妻，携手走过半个多世纪。近日，在天津市河西区桃园街泰达园居住的九十一岁抗日老兵孙波，向笔者讲述了她和爱人的抗日缘、一世情。

孙波于1924年9月生于山东福山一个贫困家庭，抗战刚开始，她的家乡就成了日军“扫荡”的据点。当时，孙波在村高小念书，老师是地下共产党员。由于经常听老师宣传抗日救国道理，后来，孙波加入了抗日宣传队伍。1940年，十六岁的孙波秘密加入中国共产党，在日军铁蹄下开展地下抗日宣传活动。

1944年，孙波担任福山县八区民政干事。八区紧邻福山县城和烟台城区，是日伪军与八路军争夺的地区。在这里，孙波结识了担任八区区长兼区中队中队长的王汝之（原名刘玉和）。孙波早就听说过王汝之英勇杀敌的故事，心存敬仰之情。“汝之比我大三岁，是福山县最年轻的区长。我们并肩杀鬼子，他智勇双全，让我仰慕不已！”

此后，孙波在王汝之的领导下开展对敌斗争。当时，党组织安排孙波动员青年加入共产党抗日队伍，抗击日军，保护村民，同时秘密配合王汝之铲除汉奸。有一天，王汝之带着八路军武工队和孙波等去往离敌占区很近的一个村子开展工作。突然遇到日本士兵，王汝之命令孙波马上组织村民转移，他带领武工队冲向敌人。在武工队的猛烈攻击下，日军向烟台方向仓皇逃窜。

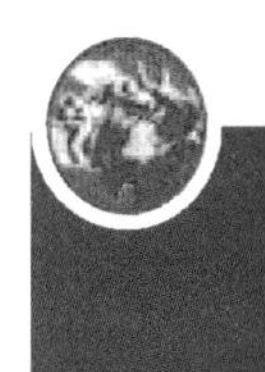

战斗结束后，王汝之称赞孙波“是个冲破家庭束缚参加抗日的女战士”。硝烟战火的洗礼，让王汝之对孙波也产生了爱慕之情。后来，在一次重大战役后，王汝之和孙波双双被授予军功章，两人正式确立了恋爱关系。1945 年 8 月 15 日，日本无条件投降，但国民党阻止日本军队向八路军缴械，王汝之率区中队配合八路军主力攻进烟台市，迫使烟台的日本军队投降。抗日战争胜利后，孙波与王汝之结为伉俪。

（本文发表于 2015 年 7 月 14 日，选自《中老年时报》）

解放海南的英雄
红色恋人难忘的战地婚礼

文／良　子

符石富，1925年3月出生在海南东方（今东方市）罗带镇高排村。1942年春参加琼崖抗日独立总队，在第二大队当战士、机枪手。同年11月加入中国共产党。1946年起先后任第二大队副排长、排长、副连长。1948年秋任连长一直至海南解放。海南解放后，1951年8月，任海南军区第五团连长直至1954年转业到国营红光农场任副场长，后到万宁的东兴农场。曾被中共海南区（今海南省）党委、海南军区颁发“人民功臣纪念章”。1984年离休。

何秀梅，1928年出生在海南文昌龙马乡，1945年参加琼崖抗日独立纵队第二大队，初为炊事员，后为护士长。在解放海南战役中参战并救护伤员。1954年转到农垦工作，1956年调东兴农场工作，1982年离休。

八十二岁的符石富老人与七十九岁的何秀梅老人是琼崖纵队的老战士，也是一对老夫妻。这一对革命伉俪是解放海南的老英雄。1950年在解放海南战役中，符老所在部队配合渡海大军先后攻打澄迈县的牙蕉园、坡尾、陵水分界岭，儋县海头、海尾，乐会县的中原，东方县的新仁坡等国民党军，一路所向披靡。谈起参加革命的经历，两位老人感慨万千。

革命情缘：机关枪手诚意打动女护士

符老出生在东方罗带镇高排村一户贫苦农民家庭。1942年春，年仅十七岁的符老参加了琼崖抗日独立总队，在第二大队当过战士、机枪手，后任连长。何老是文昌龙马乡人，1945年，十七岁的她，这个还没有过门的童养媳偷偷离开家跑到儋县加入了琼崖抗日独立纵队，后在符老所在的第二大队一连做炊事员。当时，符老是一连一排的副排长，何老当时给符老所在的一连一百多号人做饭。

说起两人的相爱过程，何老笑着说，是符老追求她的。坐在一边的符老毫不掩饰当年对何老的爱慕之情。当时何老年轻漂亮，他经常看到何老在炊事班里煮饭烧菜，人很勤快，就喜欢上了。符老说：“当时我还是个副排长，部队规定连级干部才能结婚，所以我不敢张扬，也不敢当面跟她说。我求排长王山河找她说媒，当时她还不同意呢。”

当笔者问何老当时为什么不同意与符老恋爱时，何老说，当时她还年龄小，何况自己还是有婚约的。见何老不同意，符老使出浑身解数又让两名女战士帮忙说媒。后来，何老当了护士，符老还是穷追不舍。

“那时他经常跑到医护班来看我，也不敢跟我说话，只是站在一边看我干活。当时他又瘦又高，我看他挺老实，我也不想再回老家，1947 年，我答应了他。”

三次负伤：怕担心瞒着当护士的女友

说是谈恋爱，可那时符老辗转打仗，两个人经常见不到面，何老对符老可是牵肠挂肚。“子弹可是不长眼睛的，今天去打仗，不知明天是否还能回到部队。在一年的时间，他负伤三次，我的心是悬在半空的。”何老告诉笔者。1948 年上半年，符老与他的部队在儋州打埋伏，天亮时，国民党的部队出现，战士们纷纷把手榴弹投向敌人，国民党兵乱作一团。这时符老抱着机枪冲上硝烟弥漫的战场，对敌军一阵射击，敌人倒了一片，符老也被流弹打中，头部负伤。

当时何老听说符老受伤了，非常担心，就跑到队部打听。队部的人说可能是打到了脑袋，她更担心了。而那时通信很落后，她根本联系不上符老。“当时，我想他负伤了，肯定会被送回后方队部疗伤，我就可以照顾他的，可是等了几天也没有见到他回来。我想是不是他已经牺牲了，部队瞒着我，我别提多伤心了。可两个月后，他突然回来了，他的伤已经好了。见到他我悲喜交集，流下了眼泪。”何老说，事后她才知道，符老是怕她担心，所以养好了伤才归队。笔者看到，符老头上至今还有一块伤疤。

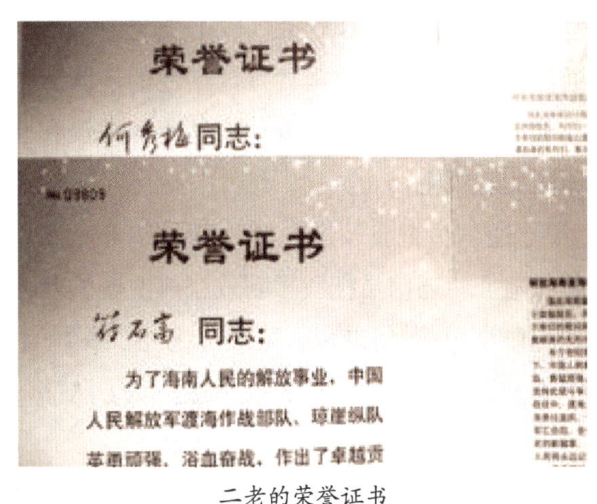
荣誉证书

何秀梅同志：

荣誉证书

符石富 同志：

为了海南人民的解放事业，中国人民解放军渡海作战部队、琼崖纵队英勇顽强，浴血奋战，作出了卓越贡

二老的荣誉证书

到了 1948 年下半年，符老当了连长，何老也当了护士长。按照部队的规定，两人可以结婚了，但因为当时形势越来越好，琼崖纵队

随着全国形势的变化，加大了对国民党部队的打击，两人为了革命辗转全岛根本顾不上结婚。

英勇连长：冲在前方抱起炸药包炸炮楼

1950年3月，十万大军驻守雷州半岛准备解放海南，随着三批解放军部队渡海登陆海南，解放海南的战役在海南岛全面展开。“当时我们非常兴奋，终于等到这一天了，部队随后参加渡海大军的接应战斗。”符老告诉笔者，他所在的部队在追剿国民党残余部队的战役中，从澄迈县的牙蕉园、坡尾打到陵水分界岭，再从儋州打到乐东、东方，最后直捣三亚，一路所向披靡。

“部队是在早晨5点赶到崖城（今三亚市）附近，当时我们要攻打一个敌军的炮楼。敌军用机枪及炮弹阻止部队前进，部队规定必须在要求时间内拿下炮楼，配合大部队打进三亚。”符老说，当时他带着一连的一百六十多名战士冲在最前面，那炮楼有二十多米高，里面有一百多个敌人，硬攻会伤亡很大。一连准备了五十多公斤炸药，在机枪及炮弹的掩护下，符老带着几个战友抱着炸药冲到门楼下，将炸药点燃。

“那场面非常壮观，轰隆一声响，火光冲天，门楼被炸塌了，六十多个敌人被埋在废墟里，没死的就逃，我们就开枪在后面追。有几名战士负伤，但战士们士气高涨，一路杀敌直到三亚。”

战地婚礼：新婚洞房里有十多位战友为伴

就在解放三亚的激烈战斗当中，符老、何老结婚了。

“当时部队还在解放三亚战斗中，结婚也没什么仪式。当时我所在的部队要出发，大家集合起来，我们营的指导员对大家说：‘有一个事要通知大家，我们六连的护士长与一营一连的连长正式结婚了，以后他们来往是合法的。’随后大家一起鼓掌，指导员就点了我们的职务，连名字都没说。”何老说，当天晚上，符老派他的通信员将她接到驻在羊栏地区的他的连队。因为当时还在打仗，符老与他连队的副连长、指导员等十多个人住在这间四处没有墙的棚里，新床是用桌子拼起来的，床周围挂着蚊帐。

“通信员把我领进去的时候，房间里面一片漆黑，那十多个同志一个挨着一个睡在地上。通信员把我领到蚊帐前说连长就在里面，我掀开蚊帐钻了进去，晚上说话都很小声。”何老说，第二天天还没亮她自己就走了。她觉得不好意思，不想让别人看到。因天黑她竟还迷了路，到了队部，部队已经出发了。说到这，何老仍对符老当时没有送自己回部队耿耿于怀。

光荣离休：二老常到烈士陵园看战友

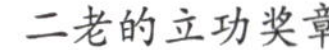
二老的立功奖章

1950 年 4 月 30 日，逃到榆林港的国民党部队被解放军全部歼灭，三亚解放。5 月 1 日，海南全岛解放！

海南解放后，符老荣获战功，被第四十三军颁发“解放华中南纪念章”和“解放海南岛纪念章”各一枚。1951 年 8 月，符老任海南军区第五团连长，1954 年他转业到国营红光农场，后调到万宁东兴农场，1984 年离休。何老于 1954 年转到农垦工作，1982 年离休。

1999 年，中共海南省委为两位老人颁发“五十年党龄”荣誉证书和纪念章。两位老人育有两男两女，孙子、外孙都很孝顺。现在两位老人与二儿子住在海口秀英村。两位老人每天早晨到金牛岭公园散步、做操，他们没有忘记那些为了解放海南渡海牺牲的战士，二老经常到金牛岭公园的渡海英雄纪念碑前看望牺牲的烈士。

（本文发表于 2007 年 8 月 1 日，选自《南国都市报》）

英雄夫妻战地情

文／陆　娟

张如银，男，八十五岁，江苏沭阳沭城镇人。1944年3月入伍，1949年1月入党，参加过敌后游击战、淮海战役、渡江战役，1955年复员。

顾绍侠，女，八十一岁，江苏沭阳沭城镇人。1948年入伍，1949年3月入党，参加过淮海战役、渡江战役、抗美援朝战争，1954年复员。

战争惨烈而残酷，爱情甜蜜而美好

照片上的这两位老人是一对夫妻，他们参加过淮海战役、渡江战役，妻子顾绍侠还参加了抗美援朝战争。战争期间，夫妻俩一度八年天各一方，杳无音信，最终劫后余生，共度晚年。

2009年8月22日，笔者在沭阳县光荣院采访了他们夫妻俩，听他们讲述了残酷的战争和忠贞的爱情。

结缘　从军

张如银和顾绍侠都是沭阳县沭城镇人，张如银家在河东村，顾绍侠家在河西村。两家距离不远，隔河相望。在两人还是孩子时，两家父母为他们订了娃娃亲。1943年，二人正式结为夫妻。这一年，张如银二十岁，顾绍侠十六岁。第二年，我军招兵扩军，张如银抱着一颗火热的救国热情，告别新婚不久的妻子，成为人民子弟兵。

张如银先是在山东、安徽、江苏的广袤大地上从事敌后战争、打游击战。游击队声东击西、配合主力部队灵活作战，让国民党吃尽了苦头，被敌人视为眼中钉、肉中刺，必欲拔之而后快。1946年冬天，国民党军队约两千人从淮阴、宿迁、沭阳分三路来“围剿”他们，妄图把游击队一举消灭。游击队队员们在徐州、连云港、盐城一带和敌人兜圈子，进行“围剿”与反“围剿”、牵制与反牵制的斗争。经过三个月的斗争，敌人不但没有“剿灭”游击队，反而被游击队打了几次伏击，损伤

惨重，最后不得不放弃“围剿”。

丈夫参军时，顾绍侠才十七岁，在沭阳城南区河东乡新庄村任妇救会会长，在斗地主闹翻身中表现非常积极。丈夫英雄妻好汉。受丈夫的影响，顾绍侠在1948年春天也报名参加了人民子弟兵，被分在华东第三野战军第十六团供给处，负责为前线战士及伤病员发放物资。从此，夫妻俩为了革命事业天各一方，杳无音信，直到八年以后才重逢团圆！

入党　立功

在淮海战役时，张如银已被编入华东第三野战军第九兵团二十六军八十八师，负责攻打连云港新浦的国民党守军。战斗进行得异常顺利，在我军强大攻势面前，敌军全线溃退。我军在大伊山、云台山一带对敌军进行追击，在追击中俘获大批俘虏和物资。我军仅花了两天时间，便将敌人赶到大海边，除部分敌军将领乘船逃脱外，其余的全部做了俘虏。

1949年1月，张如银光荣加入中国共产党。1949年4月，为响应党中央和毛泽东同志“打过长江去、解放全中国”的号召，张如银所在部队从安徽芜湖地区渡江。张如银当时是重机枪手，在渡江战役中未遇敌人较强抵抗，顺利打到长江南岸。

渡江后，部队又向上海方向挺进。在解放上海的战役中，部队遭到敌人的顽强抵抗，一度被国民党围困在一个狭小的地方，连续七天，没东西吃，没有干净水喝。当时他们被围困的地方有一个敌人的碉堡，碉堡里存了一些雨水，但水很脏，水里还泡着敌人的尸体。最后战士们渴极了，只好捏着鼻子喝浸泡着敌人尸体的脏水！在这次战役中，由于作战勇敢，张如银荣立二等功，被提升为排长。

在淮海战役中和渡江战役中，丈夫张如银在前线作战，顾绍侠在华东第三野战军第十兵团后勤处，同样在为革命挥洒汗水。战争打响后，她冒着纷飞弹雨，在震耳欲聋的炮声中为部队抢运物资，和护士一起精心照顾伤员。

“一些战士受伤严重，从战场上被抬下来之后，带血的衣服粘在身上脱不下来。我就用剪刀把他们衣服剪碎，脱下来，然后包扎好伤口，给他们换上新衣服。伤兵多的时候，忙得连吃饭的时间都没有。”顾绍侠告诉笔者。

由于表现出色，顾绍侠在淮海战役和渡江战役中均荣立三等功。

在1949年三八国际妇女节这一天，顾绍侠也光荣加入中国共产党。

寻找　失望

在战争期间，他们都不知对方在哪里，是生还是死。

1950年抗美援朝战争爆发，顾绍侠随军跨过鸭绿江，加入抗美援朝的队伍。张如银所在部队也开到朝鲜战场。不过张如银碰巧没去，因为此时他被转入空军成了一名跳伞兵。

在朝鲜的三年里，顾绍侠在冰天雪地、崇山峻岭中，冒着敌机轰炸的危险，不顾一切，为部队抢运、发送物资，补充给养。当时条件非常艰苦，缺衣少食，最困难的是没有水喝，在冰天雪地中只能一把干粮、一口雪来充饥。补给紧张的时候，经常几天吃不到东西。

艰苦的战争生活阻止不了对亲人的思念。顾绍侠到处打听张如银的下落，询问张如银是否也到了朝鲜战场，可每次都得到失望的回答。“亲人啊，你在哪里？”顾绍侠在心底不住地呼唤。当顾绍侠在朝鲜战场上寻找丈夫时，张如银也在不断寻找妻子。

在三年的抗美援朝战争中，顾绍侠再次立三等功一次，直到抗美援朝战争结束，方回到祖国。

团圆　遗憾

1954 年，从朝鲜战场回国不久的顾绍侠从部队复员。第二年，张如银也复员回乡。这对因战争分离了八年的夫妻终于再一次相聚在一起！相聚的那一刻，夫妻俩相拥在一起，喜极而泣。从此，夫妻俩再也没有分开过。虽然相聚了，但夫妻俩有一个遗憾，因为朝鲜冬天天气寒冷，顾绍侠在严寒的环境下，身体被冻坏了，失去了生育能力，两人终生未育。后来夫妻俩收养了一子一女，现在都已长大成人，并育有孙辈，一家人其乐融融。

复员后，张如银曾担任本村治保主任和本村东风组（原石门生产队）政治指导员等职，一干就是二十多年。顾老也担任本村妇女主任一职，一直干到六十岁退休。2008 年，二老因功勋被县政府特殊安排在县光荣院生活，颐养天年。

（本文发表于 2009 年 8 月 23 日，选自西楚网）

向守志夫妇：战火中走来的将军伉俪

文／方国书

在我军历史上，夫妻共同参加抗日战争的为数不少。但在抗战时期都担任正县、正团职职务，今天仍健在的则很少。而向守志上将与夫人张玲就是这样一对从抗战硝烟中走来，携手走过六十年的将军伉俪。

2001年1月，年逾八旬的向守志与张玲伉俪

一二·九卧轨请愿

看着眼前这位坐在藤椅上的瘦弱老人，很难想象张玲从1935年一二·九学生运动开始，就始终战斗在抗日的第一线。

1928年，大量的日货涌入中国，年仅九岁的张玲就和开封第四小学的同学们一起，走上街头，散发传单，抵制日货。九一八事变爆发的那天，全校师生失声痛哭，这耻辱的一幕让张玲终生难忘。1935年，一二·九运动震动了全国。当时的开封群情激昂，中共地下组织也在活动。刚满十六岁的张玲，是十个学生代表中最年轻也是唯一的女代表，走在游行队伍的最前面。

他们清早四五点出发，不顾饥寒，绕开封全市大街，高喊抗日口号。当时只要有一所学校的学生排队到另一所学校门口去高喊抗日口号，那所学校的学生便会立刻排队出来，一同上街游行示威高喊抗日口号，奔赴省政府。

回忆往事，张玲激动而自豪："在河南大学学生代表老大哥的带领下，我们十名学生代表进入河南省政府内进行谈判。提出条件后，我们回到游行示威的队伍中，奔赴南关车站卧轨，准备到南京直接提出抗日救国的要求。在滴水成冰的寒冬中我们坚持了七天七夜。”

这期间，张玲七十三岁的外婆冒着大风雪从开封市里来到市南关看望心爱的外孙女。老人对张玲说：“你们学生爱国我很支持，因政府部门派人来我家里，让动员你回去。我来看你是为了应付当局。”外婆在大风雪中受了大寒，回到家里后就一病不起，于1936年2月离开了人世。张玲回忆见外婆的最后一面的情形时，含泪道：“当我匆匆赶到家中，看见外婆已经闭着眼睛，我泪流满面地拉着外婆的手，叫声‘姥姥’。她老人家立即睁开了双眼。用力捏着我的手叫声‘玲’之后，就永远地闭上了双眼。老人在病中一直不让家人告诉我，怕影响我们的活动。我最敬爱的外婆，是一位非常爱国的老人。”

从同学、战友到革命夫妇

张玲的外婆、母亲、姨妈都是受过高等教育的女性，她们对张玲的爱国行为给予了百分之百的支持。1937年秋，张玲怀揣母亲给的盘缠，奔赴革命根据地太行山。在军政干部学校、太行党校高级班学习后，1938年张玲光荣地加入了中国共产党。1939年秋任辽县（后改为左权县）县委常委，1944年任平东县委书记。

向守志和张玲相识于太行区党委党校开展整风运动期间。1943年，太行区党委举办整风学习班，参加的对象主要是县团以上领导干部。

据张玲回忆，参加学习班前她就知道向守志打仗非常勇敢，不过当时太行山上战功赫赫的大有人在，她并没有特别在意向守志，两人只是一般的同学和战友。

整风运动开始时，向守志在二队，张玲在三队。向守志经常在大会上发言，张玲开玩笑地说：“当时我就觉得他怎么老爱发言啊。后来知道他要调到我们队当队长，大家还挺紧张，不知道这个带兵打仗的人到底怎么样。向守志来我们队看到我就问：‘张玲，你也在三队啊？’我心里想，这人挺奇怪的，经常见面，他不早就知道了吗？多此一问。”说起这段往事，张玲言语间流露的幸福丝毫没有因为时间的流逝而减少。

同在一个队，向守志与张玲有了近距离的接触。过了一段时间，向守志和一些正在学习的同志被调往前方打仗。临别时，向守志对张玲袒露了心扉，希望两人能做朋友。张玲毫无思想准备，她以为只是谈工作，没想到向守志会直接向她表白。

“您当时就答应了吗？”“没有，我表示要考虑一星期。”很快时间到了，张玲终于答应了向守志，还提出了一些要求，比如“我们不是为了结婚而结婚，反对老婆主义和大男子主义，衣服各洗各的……”

“那么到底是向守志哪一点打动了您呢？”“他朴实、真诚、丝毫没有官架子，平易近人。在队里学习的时候，不耻下问。最关键的一点，他爱干净。”张玲给出的最后一个答案让人有些意外。“爱干净？”“有些男同志可不注意个人卫生了，向守志不一样，勤洗手，衣服也都干干净净的，他那个牙缸都用块布盖着，怕落灰。从很多细节中就能看出一个人的素养。”

战地婚礼简单庄重

艰苦的斗争环境和频繁的战斗生活，使向守志和张玲见面的机会屈指可数。就是不打仗，虽然住在一个县里，但中间隔着大山，平时也很难见面。

1945 年初，经刘伯承和邓小平同意，太行军区政治部批准了向守志和张玲的结婚申请。可一拖几个月，都没机会举行婚礼。

1945 年 5 月 25 日，向守志带领全团官兵，执行攻打昔阳县城的任务，路上遇到张玲，已是晚上 6 时许。两人当即商定，举行战地婚礼。

结婚是人生中的一件大事，但向守志和张玲却没有邀请一个人参加，没有添置一件结婚用品。唯一的仪式是，两人面对毛泽东像，立下“革命到底、相伴终生”的誓言。张玲说：“我们结婚的那天，身边的警卫员都不知道，战争年代一切从简。第二天一早，向守志就带着部队奔赴战场了。”

婚后，夫妻俩南征北战，东奔西跑，不能经常在一起。有时在路上相遇，两人队伍走的却是相反的方向，话都说不上一句，就在马背上挥挥手，望一眼，继续前进。

永远不会失去信念

张玲和向守志结婚不久，解放战争打响了，夫妻远隔千里，各自忙于工作和战斗，长年难见一面。只要有机会就托人捎上一封信，双方在信中相互谈谈对国内外形势的看法、对自己工作经验的总结，交流经验，鼓励对方多为革命作贡献。可以说，他俩的家也就在各自的马背上。

1946 年冬于河北邢台合影，向守志时任副旅长，张玲时任专区办公室主任

1949 年，解放大军攻入西南，十五军驻守川南剿匪，四十四师师长向守志率部驻守宜宾。张玲下了太行山，千里迢迢来到宜宾，不久，向守志就北上整训赴朝参战去了。在军人妻子的眼里，丈夫到前方作战已是家常便饭。虽然此去朝鲜相隔万里，流血牺牲在所难免，但这都是很平常的事，

张玲早已习惯了。党和人民的事业，就是她和丈夫共同的事业。为了这个伟大神圣的事业，他们早已准备好了牺牲自己的一切。张玲感慨地说：“直到 1954 年抗美援朝凯旋后，我和老向、孩子们才算有了个共同的家。”

1988 年 9 月 14 日，这一天将载入中国人民解放军的光辉史册，这一天也是向守志人生历史上最光荣的一页。这一天，中央军委在中南海怀仁堂举行授予十七位上将军官军衔仪式。军委主席邓小平亲自授予向守志上将军衔。

（本文作于 2008 年，选自上海人民出版社《同唱革命歌》）

一对革命伉俪的抗战传奇

文／王兰芳

在天水市麦积区花牛镇，长眠着这样一对革命伉俪，他们久经沙场、身经百战；他们忠诚党的事业，勤劳一生。2015 年 8 月 30 日，高秀英之子高先生接受笔者采访时向笔者讲述已故父母戎马一生的传奇经历。

高德林夫妇、保姆和三子女合影

受虐童养媳女扮男装参军

据高先生介绍，父亲高德林 1899 年 10 月 26 日出生于麦积区花牛镇，十五岁离家，1931 年在江西加入中国工农红军。先后参加黄桥、孟良崮、济南、淮海战役，重伤五次，三次被评为战斗英雄，多次荣立战功。中华人民共和国成立后从华东渤海军区转业到天水，任区委书记、组织部部长等职。1959 年 9 月 20 日去世。

母亲高秀英是江苏邳县（今邳州市）人，1921 年出生。1938 年在洪泽湖畔投身革命事业。历任游击队队长、新四军排长、野战医院护士长等职。先后参加孟良崮、济南、淮海战役，两次荣立战功。于 1990 年 11 月 5 日去世。

据高先生讲，父亲离世时自己尚不足百天，通过母亲的讲述，双亲高大英勇的形象深深地烙在了他记忆深处。

“母亲九岁时外祖父就去世了，由于家中姊妹多，生活特别贫困。她被大舅送给邻村人家当童养媳，小小年纪就吃尽了苦头，受尽了虐待。”高先生说，母亲十六岁那年，成亲前夕她在路上碰见了当地的抗日游击队。听说是打日军、救穷人的队伍，她当即软缠硬磨要参加队伍。但因当时游击队还没有女队员，游击队领导说什么也不同意她加入。

“不要女娃，那就装个男娃呗！”由于母亲个头较高，干活也十分干练，她当即剪短了头发并换上了男装，一番乔装打扮后终于如愿投身抗战救国行列。

掩护百姓撤离　她差点为国捐躯

1942 年夏季，高秀英已是新四军某医院的护士长。一天，日军在苏北洪泽湖畔进行大“扫荡”，部队领导让她们组织百姓撤离。高秀英她们决定，让当地老百姓在部队阻击掩护下往湖心撤离，待百姓安全后部队再进行撤离。当时，由于百姓较多，撤离耗费了较长时间。等百姓全部疏散后高秀英发现，新四军指战员因没有及时撤离伤亡了不少。据高先生回忆，每次母亲提起这件事总是很激动。据母亲讲，那次反“扫荡”中，她是最后一船撤离的。因为船少人多，当时和她一起很要好的战友因为没有来得及上船，牺牲了不少，要再晚几分钟，她也会和战友们一起光荣牺牲。

高先生说，至今他们家还有一个牛皮做的公文包，母亲生前一直把它当作宝贝一样珍惜。据老人生前讲述，1943 年，在江苏高邮的一次战斗中，一位新四军营长负伤后被转到医院治伤时，由高秀英护理。伤愈后，这位营长送给她一个牛皮公文包。一个月后，这位营长就在和日军的一次遭遇战中壮烈牺牲了。

志同道合革命　伉俪并肩战斗

高秀英在新四军医院工作期间，曾经护理过不少伤病员，其中有师团级领导，也有身经百战的老红军，高德林就是其中之一。

高德林荣获的军功章

据高先生讲，母亲和父亲是在医院相识的。父亲在前线打仗时受了重伤，浑身上下满是弹片。由于伤势较重，在医院昏迷了一个多月。在医院住院治疗期间，和母亲相识，经组织介绍两人成为革命伉俪。

高秀英于 1939 年春在江苏盐城新四军军部与高德林结婚，次年 11 月生下长子，取名高新生；次子高峰虎 1949 年 8 月生于山东渤海军区大院，两兄弟相差九岁。其间他们还生了一个女孩，由于当时部队经常转移，在一次部队转移中高秀英差点掉队，于是她忍痛将爱女送给当地老乡抚养。

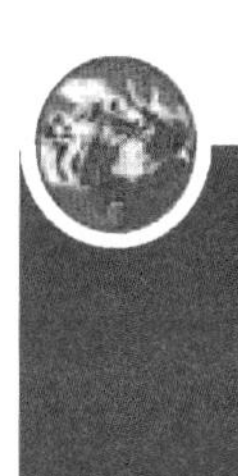

历经抗日战争和解放战争后，1950 年 5 月，高德林夫妇携新生、峰虎两个儿子从华东渤海军区转业，荣归故里。

据高先生讲，父亲高德林从十五六岁离家参加革命到五十一岁转业回到家乡，将近三十六年。1959 年 9 月 20 日，因积劳成疾，高德林永远离开了妻子儿女，从此长眠于家乡高集寨。三十一年后，高秀英老人与世长辞。

（本文发表于 2015 年 8 月 31 日，选自《兰州晨报》）

戎装伉俪的硝烟岁月

文／陆儒德

吴建安，湖南长沙人。曾任国民党政府海军太平号军舰副舰长、海军总司令部科长、惠安号军舰舰长。1949 年 4 月 23 日参与领导国民党政府海军海防第二舰队在南京笆斗山长江江面起义。后任解放军华东军区海军舰长、海军司令部参谋，第一海军学校教研室主任、海军水面舰艇学校副校长、海军水面舰艇学院副院长。

潘琴和吴建安伉俪

一个是在战场上英勇善战的海军将领，一个是在战场上救死扶伤的白衣天使。在那个战火纷飞的年代，吴建安和潘琴这对革命伉俪，坚定信仰，在不同的战场上对敌作战，并在解放战争中双双加入人民海军，为中华人民共和国的海军事业奋斗终生。

抗日战争时期　为保家卫国天各一方

1937 年，日军大举入侵中国，刚从马尾海军学校毕业的吴建安在平海号巡洋舰担任见习航海官，首次参战。9 月 21 日，日军机群沿长江轰炸中国军舰，双方在江阴地区展开鏖战，平海、宁海两艘主力军舰英勇作战，直到中弹沉没。

在保卫武汉战役中，吴建安在楚同舰任副航海官。1941 年 10 月 24 日，在汉口城陵矶附近，楚同和中山、楚谦、勇胜、湖隼共五艘军舰与敌机激烈交战。吴建安在高炮战位指挥，一架敌机被击中后冒烟逃窜，将一颗炸弹扔在炮位旁，吴建安

被炸飞的掩体沙包死死压住，直到战斗结束才被救出。战后，吴建安被分配到水雷队，继续与敌开展游击战。

此时，毕业于上海医学专科学校、在国民党海军医院担任护士长的潘琴，同样战斗在第一线。她与吴建安在部队相遇相识，婚后，吴建安长年驻守在军舰上，她则留守在海军医院。1938 年，她随海军医院西迁重庆，夜以继日在战火、瓦砾、死尸堆中救死扶伤，洁白的护士装被鲜血染成紫酱色。直到 1946 年抗战胜利，她才回到海军医院工作。

1943 年，第二次世界大战进入反攻阶段，吴建安与一批青年军官远赴欧洲战场。1944 年初，他被分配至一艘英国轻型巡洋舰上担任上尉副鱼雷官。其间，一直在大西洋、地中海同德军作战。他曾指挥水兵投掷深水炸弹，迫使一艘德国潜艇浮出水面，并将被俘的潜艇押回母港。战争后期，吴建安被派往盟军总部工作，曾受到艾森豪威尔将军召见，中国海军积极参战赢得了盟军司令的赞许。吴建安是中国为数不多的经历东、西战场反法西斯战争的海军军人。反法西斯战争结束后，他返回格林尼治海军学院继续完成学业，于 1947 年 2 月结束留英学习返回祖国。

在十四年抗战期间，吴建安和潘琴分处不同的战场，虽然不能经常见面，但心中始终怀着坚定的信念："消灭法西斯，实现世界和平，才能团聚安居。"

解放战争时期　双双加入人民海军

渡江战役中，毛泽东主席一边创建人民海军，一边亲自领导、策划第二舰队起义，呈现"南京江面上的壮举"。吴建安参与并领导了国民党海军海防第二舰队在南京笆斗山长江江面起义。

1948 年，重庆号巡洋舰起义后，中统、军统特务严密监控二舰队各艘军舰。1948 年，时任国民党海防第二舰队司令的林遵与中国共产党驻沪机构取得秘密联系，决定起义。林遵第一个联系的便是惠安号护卫舰的舰长吴建安。林遵以视察为名来到惠安舰，两人一谈，不谋而合，决定在解放军渡江时率部起义，配合解放军渡江作战，共同摧毁蒋介石政权。

4 月 23 日上午，林遵召集二舰队十六艘军舰的舰长和两个小艇队的队长聚集到永嘉舰开会，商榷起义的事宜。吴建安以舰队长名义主持会议。会上气氛剑拔弩张，有人不同意，把手都伸进手枪套里了。吴建安严正警告："即使逃到上海，共产党打进上海后，还是没有退路！"最终根据多数人意见，海防第二舰队决定起义。会议部署：林遵坐镇永嘉舰指挥，吴建安负责派人过江与解放军联系。没想到，永嘉舰舰长率七艘军舰逃跑。事发突然，形势骤然紧张，惠安号有人乘机煽动叛乱，企图强行启动主机，并用枪胁迫林遵、吴建安把舰开往上海。吴建安大义凛然，晓以利害，说服动乱士兵，稳定了局面，保证二舰队九艘军舰和两个炮艇队的十六艘炮艇成功起义。其间部分人员聚众闹事、阴谋哗变，在危急时刻吴建安果断开枪示警，稳定了乱局。历史证明：没有林遵便不会有二舰队起义，没有吴建安数次平息事端，起义则难以成功。吴建安还利用在三叉河内封存的登陆艇、木帆船和过江轮渡，运送解放军三十五军顺利渡江，配合主攻部队占领了“总统府”。

之后，吴建安参加了人民海军，担任舰长并参与培养了中华人民共和国第一代能够独立操作舰艇的海军将领。1950 年成立大连海军学校后，海军司令员兼大连海校校长萧劲光派苏联专家到南京迎接吴建安，聘他为海军战术、船艺、地理、组织和舰艇构造五门课程的学科组长。

1950 年 11 月，潘琴调入大连海军二〇五医院（四〇三医院前身），担任总护士长。久经战争考验的革命伉俪终于团聚了。从此，双双投身于创建人民海军的伟大事业中。

和平年代　为人民奉献一切

吴建安为人师表，是年轻教员和学员心中的楷模。他严于律己，从不向组织索取任何私利。在担任海军大连舰艇学院副院长、辽宁省政协副主席以及第五届、第六届、第七届全国政协委员时，时刻把人民的利益挂在心间。他注意倾听群众意见，会上积极发言，写的提案最多，反映问题真切，受到大家的尊敬。

1997 年，潘琴心脏病加重。临终前，吴建安与潘琴商量后决定：“把遗体捐给医学事业，最后一次为人民服务。”他俩填写了《遗体无偿志愿捐献书》，并向子女宣布了这份遗嘱。同年 9 月，潘琴逝世，家人遵照遗嘱将她的遗体移交给大连医学院。

2008 年 3 月 5 日，吴建安在大连逝世，享年九十五岁。遵照吴建安在十一年前写下的《遗体无偿志愿捐献书》，大连医科大学党委书记亲自护送遗体。医科大学师生专门举行了肃穆的“无语体师”告别仪式，向老将军表达“博爱奉献，生命永恒”的最后敬意。

吴建安常说：“我是共产党员，就要一生为人民服务。”他这样说，也这样做。在大黑石海边的将军山公园公墓的遗体捐献者《芳名录》上，镌刻着吴建安老将军和夫人潘琴的名字。他们将永远活在人们心中。

（本文发表于 2015 年 7 月 1 日，选自《中国海洋报》）

战火纷飞中，他们书写伉俪佳话

文 / 陈嫣然

于波和邵峰穿上军装，戴上纪念章，回忆战火纷飞中的那段难忘岁月

抗日战争时期，本无交集的两个年轻人因为心怀祖国安危，盼望祖国富强，毅然走上了革命道路。

一个是军医，在后方救死扶伤；一个是作战科科长，在前线指挥作战。在战火纷飞中，他们相识相知相爱，共同用青春与热血谱写了一首抗战之歌。

七十年间，他们共同见证了中华人民共和国的成立，经历了改革开放，也等到了抗日战争胜利 70 周年。

“像我们这样都健在的抗战夫妻确实不多了。”新四军老战士邵峰握着老伴儿于波的手，感慨地说，“我们俩是并肩作战的战友，也是生死与共的爱人。”

这枚纪念章勾起抗战记忆

“收到这枚纪念章我们非常高兴，这是一份见证，抗日战争的胜利也有我们的一份功劳。”

靠窗坐下，借着阳光，九十六岁的抗战老战士邵峰反复摩挲着手中的一个红盒子。这里面装着的，可是老人的宝贝。

打开红色盒子，里面躺着一枚金色的纪念章。纪念章正面雕刻的是抗日战士浮雕，顶部是一行红底金字“中国人民抗日战争胜利 70 周年纪念章”；下面则是圆形的纪念章主体，印有一行小字“1945—2015”；背景是延安宝塔山、黄河、橄榄枝以及万丈光芒。反面则写着纪念章的名称、颁发机构以及编号。

邵峰说，这枚纪念章，是以中共中央、国务院、中央军委名义颁发的抗战胜利 70 周年纪念章，由退休前所在的单位金华军分区，专门派人从金华送到宁波来的。当天，老伴儿于波也收到了这枚金灿灿的纪念章。“收到这枚纪念章我们非常高兴，这是一份见证，抗日战争的胜利也有我们的一份功劳。”老人们内心的自豪溢于言表。

再回首岁月，内心慷慨激昂

“半个多小时里，机枪‘嗒嗒嗒’地响，子弹像暴雨一样落到日军的汽艇上。”

1920 年，邵峰生于现在的北仑红联。当日军的枪炮声响彻宁波上空，为了躲避国民党抓壮丁，邵峰离开家乡，到上海当学徒。

然而，在上海，邵峰并没有逃离日军的魔掌。每当路遇日本人，总要鞠躬行礼，这份屈辱让年轻的邵峰实在难以下咽。

1940 年，邵峰遇到地下党，参加了新四军。

1944 年 5 月，抗日战争进入后期。日军苟延残喘，在向抗日根据地进行野蛮“扫荡”的同时，又全面施展了“以战养战”的反动策略。为解决急需的供工业上用的蓖麻油，日军推行所谓的“屯垦”计划，将产粮棉区全部改植蓖麻。

“这么一来，老百姓不能种粮食了，吃什么！所以，我们决定狠狠打一仗，粉碎日军的计划！”说起当年与日军正面战斗的激烈场面，老人仍然情难自抑，还不时地举起双手比画，一如指挥作战时的干脆利落。

“准备战斗前，我奉命带领侦察班，化装成当地农民的样子，到七灶河勘察地形，了解日军汽艇近几日的来往规律。确定作战方案后，我们团及配属的游击队经过五十多里的急行军，悄悄地进入七灶河两岸的待伏阵地。等到敌人进入伏击地，战斗打响了，半个多小时里，机枪‘嗒嗒嗒’地响，子弹像暴雨一样落到日军的汽艇上，河面上水花飞溅。”邵峰骄傲地告诉笔者，除个别敌人潜水逃跑外，其余均被击毙或活捉。

这场战斗，也就是七灶河伏击战，狠狠地打击了日伪军的嚣张气焰，同时也极大地鼓舞了苏北抗日根据地军民共同抗击日本侵略者的意志和取胜决心。

“战争很残酷，前方新四军作战形势艰难，我们后方医院也非常辛苦。条件有限，伤员太多，药品太少。”1945 年 8 月，经人介绍，于波参加八路军，在胶东军区卫生所成为一名卫生员。每天，于波都会面对源源不绝的伤员，面对流血，面对牺牲。至今想起，她心中仍充满不忍。

“日军的飞机经常在头顶飞，我们还要冒着危险，去给伤员换药，因为我们把伤员的生命看得比自己的还要重要。”老人说，正是有这些奋勇抗战的勇士，众志成城，同仇敌忾，才取得了最后的胜利。

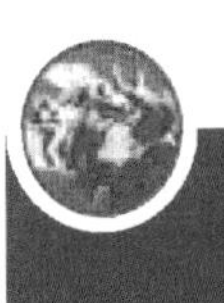

最难忘的婚礼，爱在朝鲜战场

“那一晚，敌军的飞机狂轰滥炸，大炮、机枪声不绝于耳，照明弹把黑夜照得通亮。”

回首那段烽火岁月，除了战争的艰苦，还有爱情的甜蜜。

1948年春，因为工作需要，于波调到了邵峰所在部队的医疗队。“那时候，他都快三十岁了，为了战斗，把自己的终身大事耽搁了。组织上对他很关心，就把我俩介绍到一块儿了。”经师政委张文碧的牵线，邵峰和于波相识了。

随后两个年轻人相爱了，婚事也得到了上级的批准。可是解放战争仍在继续，办婚礼的事遥遥无期。

1949年10月1日，中华人民共和国成立了，于波和邵峰在上海南翔国泉照相馆拍了一张合影，算是订婚了。

战友们纷纷起哄，“这回该办婚事了”。然而战火又烧到了祖国的北大门，党中央和毛主席做出了抗美援朝、保家卫国的决定。

1950年10月，邵峰随部队入朝作战，而于波留守吉林通化。1951年初，于波带着一些痊愈的轻伤员入朝支援，这对有情人终于相聚。

1951年3月25日，在战火连天的朝鲜战场上，在咸兴初兴里的大山沟里，战友们将“洞房”布置一新，朝鲜的阿妈妮送来了一大筐苹果，阿爸吉拿出了珍藏的米酒，师政委何振声担任主婚人。

“你见过仪式开始了，新娘还没到的婚礼吗？”说起自己的婚礼，于波有些不好意思地笑了，“那天真的太忙了，一直在紧张地抢救和转移伤员。他们打来三次电话催我，直到晚上8点，我才赶到洞房。主婚人还笑我，说这个新娘子可真难请啊！”

那一晚，敌军的飞机狂轰滥炸，大炮声、机枪声不绝于耳，照明弹把黑夜照得通亮，但在于波和邵峰的心中，这场婚礼他们永生难忘。

第二天，天还未亮，邵峰又带着侦察连去侦察敌人的火力布置，于波也随即赶回卫生营。

安度晚年，守着看阅兵式

“我们常常对孩子说，现在的幸福生活要好好珍惜，这是革命先辈用生命换来的。”

原本以为，这次分离仅仅是无数次习以为常的分离中的一次，谁知，一别竟是半年。

“当时，我正在防空洞里照顾伤员，门口突然来了好几个人，抬着担架。我过去一看，一下子腿就软了。”躺在担架上的不是别人，正是新婚才两天的丈夫邵峰。“锁骨骨折，差一丁点儿就刺破颈动脉了。”医疗队的军医检查后，表示需要尽快送回国内进行救治。

丈夫生死未卜，而自己却无法相伴，于波强忍住内心的悲痛和不安，转身继续为伤员包扎。“既然嫁给了他，就再也不考虑那么多了。”对于波来说，在那个战争年代，能与丈夫邵峰比肩作战，生死与共是极荣幸的事。“半年后，我在部队看见他，心才落了地。”

1953 年，两人随部队回国，邵峰在解放军第二十军第五十九师司令部工作，任金华、阜阳军分区副司令员，于波转业到杭州一一七医院。

二老走过了烽火岁月，如今已颐养天年。“今年抗战胜利 70 周年，要举行阅兵式，我一定要守在电视机前观看。”邵峰告诉笔者，“我们常常对孩子说，现在的幸福生活要好好珍惜，这是革命先辈用生命换来的。”

（本文发表于 2015 年 9 月 3 日，选自《现代金报》）

陈尔晋伉俪牺牲在上海解放前夕

文／张林凤

年轻时候的陈尔晋和王曼霞

2015年5月28日，是上海解放66周年纪念日。1949年5月12日，中国人民解放军第三野战军主力胜利渡过长江后，对国民党重兵据守的上海市进行了城市攻坚战。人民解放军发动以消灭汤恩伯主力、解放大上海为目的的上海战役。1949年5月27日，上海国民党守城部队投降，上海彻底解放，回到了人民手中。自1949年5月28日起，上海市人民政府将每年的5月28日定为上海解放纪念日。

当年，为了让上海这座远东最大的城市完好无损地回到人民手中，众多人民英雄付出了自己宝贵的生命。陈尔晋曾经是黄埔军校第八期学生、蒋介石侍卫官、蒋纬国的老师，牺牲前的公开身份是国民党国防部第四兵团中将副司令兼参谋长；王曼霞是富家大小姐，却在大学时期就加入了中国共产党，从事党的地下斗争。他俩就是战斗在中共隐蔽战线上的英勇战士。上海解放前夕壮烈牺牲的陈尔晋、王曼霞夫妇，他们为将上海这座远东第一大都市完整地交到人民手中、为使人民生命财产损失降到最低，将一腔热血洒在了这片土地上。他们英勇就义时，距上海解放仅有八天。

在2015年的上海解放纪念日来临之际，笔者两次采访了陈尔晋、王曼霞夫妇之子陈冠宁，请他回忆了当年父母从事革命时所面对的一幕幕惊险斗争。

年轻时的陈尔晋

变卖私家洋房支持解放区

黄渡路107弄15号的李白烈士故居家喻户晓，但紧邻此处的17号却鲜为人知。这里曾经居住过陈尔晋、王曼霞夫妇，他们在这里从事革命斗争。近日，笔者有机会采访陈尔晋、王曼霞的小儿子陈冠宁。当笔者很是感叹地说起陈尔晋、王曼霞夫妇与张权、李白、秦鸿钧等一批革命烈士一样，都是在上海即将解放时被国民党杀害的，陈冠宁脱口而出："我父母亲曾与李白毗邻而居，就是黄渡路的亚细亚里（即107弄）17号居住过。"于是，寻踪革命烈士夫妇的话题就从他们镌刻在黄渡路的印迹说起……

原来，抗日战争时期，陈尔晋根据周恩来、陈毅的指示，利用自己在蒋介石身边工作过的特殊身份，长期潜伏在国民党军界，犹如一把利剑插在敌人心脏。他机智巧妙地获取到大批枪支弹药和情报，通过中共地下交通站，秘密运往苏北抗日根据地，有力地支持了中国人民的抗日战争。

抗战胜利后，陈尔晋、王曼霞夫妇返回上海，住进黄渡路的家中。在上海，陈尔晋更多地目睹了国民党政府腐败黑暗的真面目。"四大家族"和"接收大员"疯狂侵吞、占有抗战胜利果实，劳动人民仍然生活在水深火热中。所见所闻更坚定了他为中国人民解放事业奋斗的决心和信念。他充分利用自己的表面身份，一方面积极从事党的隐蔽战线工作，另一方面支持广大劳工争取合法权益。

1946年5月，上海码头工人在极高的劳动强度和极微薄的工资收入的情况下难以养家糊口，不少码头工人贫病交加猝死于劳动场所。有一位与陈尔晋交往过的开明人士认为他是一位国民党高层中难得的正直、清廉、有威望的军官，曾支持过上海清道夫罢工。他建议工人代表不妨争取陈尔晋的支持（人们当然不知陈尔晋中共党员的真实身份）。得到信息的陈尔晋，在黄渡路家中热情地接待工人请愿代表。工人代表表示，他们求助于陈尔晋是为了得到上海政府和更多军政要人的支持。工人们准备示威游行，向政府当局请愿，为广大码头工人增加工资、缩短工作时间。陈尔晋认为为码头工人谋利益是自己义不容辞的职责，于是答应了工人代表的请求。向党组织汇报得到同意后，第二天身着罗斯福呢军服的陈尔晋，来到位于汉口路的市政府。这里已经聚集了很多示威工人，见到国民党高级军官，不知就里的工人呼啦围住陈尔晋，诉说码头工人的苦难和请愿的要求。警察冲过来维持秩序，从包围的人群中，“解救”出陈尔晋。陈尔晋径直走进市政府，直奔时任上海市市长也是老熟人的吴国桢的办公室。此时的吴国桢正焦头烂额，不知如何应对这场请愿。见陈尔晋到来，他立马亲自接待并询问有何解决良策。未料，听到的却是陈尔晋的“民意不可辱，希望市政府本着‘三民主义’精神，给予劳苦大众生活改善”的建议。几番说道，理亏词穷的吴国桢恼羞成怒：“此事与你无关，你这等于替共产党说话。”他指使手下强行将陈尔晋抓起来，羁押了八天。其间，吴国桢派特务去查陈尔晋的履历和相关社会关系，以期定他“通共”来治罪，但一番忙碌却毫无结果，只得无奈地释放了陈尔晋。

为码头工人请愿的遭遇，令陈尔晋更加坚信，只有共产党才能救中国。他发现国民党军队的军火管理混乱，军饷被层层克扣，高级军官参与军火走私者众多，这无疑也为自己获取武器弹药提供了有利的隐蔽机会。陈尔晋不惜将父辈创下的家业——自己居住的黄渡路洋房以七十根金条的售价出卖，用来购买先进武器和弹药。尽管军统特务的“嗅觉”很灵，每每抓住蛛丝马迹都要追查供货人和买家，但陈尔晋凭着广泛的人脉资源和对国民党内部重重矛盾的熟悉，并持有国民党国防部通行证的特权，使每一次武器弹药的运送有惊无险，将武器弹药源源不断地运抵解放区。这极大地振奋了解放军官兵的杀敌信心和意志，为解放军的渡江战役和解放战争的胜利作出了重要贡献。

时任华东野战军司令兼政委的陈毅得知这一情况，立即将陈尔晋的出色表现报告给周恩来。陈毅操着浓重的四川口音兴奋地称赞：“陈尔晋这小子好样的，他是我们华野的‘后勤部长’！”

亲手打下日军军机

陈尔晋出生于山西太原殷实的官宦之家，是陈家的长子，自幼天资聪慧。清末民初，唐宋时期的题壁诗在文人雅士中兴起，少年陈尔晋亦常有诗作发表，深得士绅乡邻好评。其父陈家六是清末武官，毕业于河北保定武备军官学校，与复辟清王朝的“辫子军”首领张勋是同窗，曾在熊国斌麾下任副管带。陈尔晋后随父迁居江苏启东。

陈冠宁颇为自豪地说：“我的父亲博学广识，受过良好教育，文化底蕴厚实。当时任山西大学物理、化学总教授的外祖父李天相有意要培养父亲成为祖国的科学人才。但是，那个时代内忧外患、民不聊生的现状，改变了父亲和家人科学救国的志向。”

1929 年，刚满十八岁还在读高中的陈尔晋，凭着拯救中华民族于危亡的决心和满腔热忱，从江苏启东出发，只身远赴广州报考黄埔军校，被录取为第八期学生。在军校，陈尔晋努力学习军事知识，在极其艰苦的军事训练中磨砺意志，以优异的成绩完成各科项目考试。其间他还接触到进步教师和学生，学会更多地从国家和民族的高度思考人生的意义。日本帝国主义企图将中国变为其独占殖民地的重要步骤——九一八事变的爆发，使其侵华野心昭然若揭。决意不惜牺牲也要抗击日军的热血青年陈尔晋，又考入军校炮科班，以优异的成绩毕业后，再度考入专业技术性极强的炮空侦测班。当时该班全国仅招六名军人，吸收的是军队的顶尖人才。训练中，陈尔晋很快熟练地掌握了航空驾驶、侦测、联络等先进技术。成为中国军用航空顶尖人才的陈尔晋，做好了随时奔赴战场报效祖国、与日军殊死战斗的准备。

笔者从陈冠宁的叙述和相关资料中，逐渐厘清陈尔晋在抗日战争中的战斗轨迹。陈尔晋不仅是国民革命军中顶尖的技术人才，而且为人勇敢正直、有智慧、有胆略，加上挺拔的身材和英俊的外貌，二十世纪三十年代中期，晋升至南京总统府宪兵队队长，深得蒋介石信任和欣赏。从 1937 年 11 月的南京保卫战，到 1938 年 3 月的台儿庄战役，再到同年 6 月的武汉保卫战，陈尔晋始终在蒋介石身边。他耳闻目睹了中国军人与日军惊天地、泣鬼神的浴血奋战，多次要求亲临战场与日军正面较量。

1938 年底，陈尔晋被任命为中央军校西北分校教官来到西安，不久又被任命为国民党西北第一战区高炮大队大队长。此时的陈尔晋有机会接触中共常驻西安代表团，对中共的抗日主张和奋斗目标有了进一步的了解。中共代表团领导人勉励他多做促进国共合作共同抗日的工作，更多地团结争取进步将领和进步民主人士投入抗日统一战线。

陈冠宁向笔者讲述了他在追寻父母足迹中了解到的父亲在抗日战场英勇杀敌的故事。那是发生在 1940 年的长沙保卫战中，被日军视作势必占领的长沙，遭遇日军飞机空前的狂轰滥炸。守卫长沙的我军将士血肉横飞，成批成批地倒下。长沙城内则是烟火弥漫，大片房屋被毁，妇孺老叟多不能幸免于难。时任高炮团团长驻防长沙的陈尔晋义愤填膺，几次打报告请战，要求指挥对空炮战，孰料杳无音讯。当敌机再次肆无忌惮地出现在长沙城上空时，怒不可遏的陈尔晋大声疾呼：“将在外军令有所不受！弟兄们，跟我上！”他亲率早已严阵以待的高炮队投入战斗。他举重若轻地指挥高炮队将士迎头痛击来犯的敌机。早已憋足劲儿的将士们，瞄准敌机发射出密集的炮火。狂妄轻敌的日方军机，一下就被打得难以逃遁，一架又一架被击中，裹着烈焰伴着刺耳的撕裂声坠入地面轰然爆炸，刹那间变成一堆残骸。阵地传出一片欢呼声："高炮团长真是神炮手！真厉害！"这次痛击侵略者战果辉煌，共击落日军飞机四架、击伤一架。陈尔晋亲自操纵高炮击落一架敌机。这场战斗，沉重地打击了日军嚣张气焰，极大地鼓舞了军民的抗日斗志。"神炮手陈尔晋"的威名远扬。远在重庆的蒋介石接到报告，自鸣得意地说："陈尔晋在我身边工作过，我培养了他，他是党国文武双全的将才！"1943年，陈尔晋升任国民党第三战区副司令兼参谋长。有相关资料记载，1940年年底从美国军校学成回国的蒋纬国，到胡宗南麾下担任步兵营少尉排长，用自己学到的先进技术训练士兵。以后曾有一段时期师从陈尔晋，在战略思想和实战经验上受益匪浅。

富家"千金"成为坚强战士

陈尔晋这位国民党高官、被蒋介石视为文武全才的将领，之所以会走上革命道路，秘密加入中共，王曼霞的作用不可或缺。王曼霞出生于安徽宿县，其父是当地有名望的珠宝富商，拥有多家银楼。王曼霞原本是上流社会名媛，可以过着安逸舒适的日子。但早在学生时代，她就接触到进步思想，参加进步活动，并于1936年秘密加入中国共产党。党组织授意她充分利用家庭背景和广泛的人脉资源，周旋于国民党上层开展统战工作，争取为党获取更多的重要情报。

王曼霞

陈尔晋是位富有正义感和爱国热情、有真才实学的国民党高级军官。与国民党军官多有接触的王曼霞，在与陈尔晋交往中，两人互生爱慕之情。根据党组织指示，王曼霞开始争取陈尔晋为中国人民解放事业发挥更大作用。通过国民党王维兵团参谋长文强，国民党党政要员于厚之、文文修、傅正理、李铭和等人牵线撮合，1938年5月，王曼霞与陈尔晋在湖南长沙结婚。一对有着共同爱国理想、积极进取的伉俪，使革命斗争的条件更有利了。陈冠宁至今珍藏着父母当年的那张结婚证。

婚后的共同生活，让陈尔晋对王曼霞有了更多更直观的了解，他也时常阅读一些进步书刊，对中共的主张和做法也有了更多的理解和认同。他发现妻子有时外出行迹神秘，猜测妻子可能是中共党员，就不动声色地观察妻子的举动。有一天，陈尔晋见妻子俨然一副贵妇的装扮外出，说是去逛商店购物，便悄悄尾随。只见妻子穿行于大街小巷，后闪进一幢洋房里，还陆续有人进入……陈尔晋对妻子的身份已明白八九分。看似娇柔端庄的妻子却于无声处干着大事，陈尔晋由衷地对妻子涌出深深的敬意。他静静地守候在洋房附近，准备一旦有意外，就挺身而出为妻子和她的同志们解围。至此，陈尔晋心照不宣地尽己所能，默默地守护妻子从事中共秘密工作。有时，还会无意似的说漏嘴，透出一些国民党内部的重要信息，以便中共及早了解，及时采取应对措施。当然，陈尔晋的表现王曼霞心知肚明，她为丈夫的支持感到高兴。经党组织的培养和反复考验，就在 1940 年陈尔晋投身惨烈的长沙保卫战后不久，中共地下组织同意陈尔晋的入党申请，正式批准他成为一名中共党员，既在正面战场上打击日本侵略者，又为党的隐蔽战线开展积极的工作。幼小的陈冠宁曾听祖母说过，难得有机会回家乡看望祖父母的爸爸，在两位老人面前提起妈妈，总是由衷地称赞她知书达理、贤惠能干；二老也对相夫教子、敬老爱幼的儿媳非常赞许。直到中华人民共和国成立后，二老才得知，原来儿媳还是儿子走上革命道路的引路人。

1941 年的皖南事变，使陈尔晋进一步认清了国民党政府的本质。中共领导的革命斗争正处于艰苦卓绝的时期，他义无反顾地支持四弟陈尔振投身中共领导的抗日队伍，并凭借自己一身国民党高级军官的戎装和特别通行证，亲自护送四弟闯过一道道关卡奔赴延安。在根据地的所见所闻，更坚定了陈尔晋的革命信念。同样，四弟陈尔振在革命大熔炉中也经受了锤炼和考验。陈冠宁介绍，在父亲的影响下，他的六叔、八叔也先后参加八路军、新四军。

实施策反起义壮烈牺牲

抗日战争胜利后，周恩来前瞻性地指示陈尔晋与当时中共南京地下城工部女部长陈修良取得联系。要求他利用自己的特殊身份，多做国民党军界高层军官的统战工作，抓住契机策动他们起义，为解放军南下解放南京、上海做好接应工作。

陈尔晋夫妇拟定了策反国民党军队起义的行动方案：策反驻江湾一带的装甲部队开进江湾机场，截断空中退路；策反第四兵团、第五十四军等各路守军，在人民解放军逼近上海时，放下武器，投诚起义；同时与海军等方面联络，配合行动，一举活捉在上海做垂死一搏的蒋介石。这一策反行动方案，通过上海的中共地下交通员迅速送达人民解放军三野前敌指挥部陈毅、粟裕处，得到陈、粟的批准。并派出曾经参与成功策反国民党重庆号军舰起义的中共地下党员莫香传协助陈尔晋进行策反斗争。他们还秘密计划搜集上海浦东地区国民党江防军事防

御图。

策反行动缜密推进，却由于叛徒的出卖功亏一篑。1949年5月9日，一个乌云密布的日子，军统特务闯进陈尔晋、王曼霞在牯岭路52号的住所，在陈冠宁惊恐的啼哭声中逮捕了王曼霞，竟连襁褓中的陈冠宁和奶妈也不放过，一同被抓捕关进监狱。出动的大批军统特务，又根据叛徒的指认，追捕到正赶去接头的中共地下联络员莫香传。紧接着正在王兆愧公馆开会的一些同志也不幸被捕。得到消息的陈尔晋被迅速转移到码头工人住宅区，特务追踪至此不敢靠近，用高音喇叭狂叫："共党听着，赶快出来投降，不然炸平这里的房子……"身经百战，擅长双枪并用，被同志们誉为"神枪手"的陈尔晋，完全有机会摆脱敌人的包围，但为保护工人兄弟的生命安全，他毅然扔出双枪，挺身而出，从容无畏地走向敌人。

上海地下党组织闻讯，立即发动各方力量进行营救。迫于社会舆论压力，敌人只得同意释放才十一个月大的陈冠宁和奶妈。王曼霞深情地吻着儿子："孩子，你先出去，等上海解放了拿着红旗来迎接你的爸爸妈妈。"

敌人对陈尔晋、王曼霞用尽酷刑，都无法撬开他们的嘴。黔驴技穷时只得用蒋介石有"黄埔生只囚不杀"的训示为诱饵——"只要招供，就释放陈尔晋"，企图诱骗王曼霞上当投降，同样遭到王曼霞义正词严的拒绝。丧心病狂的特务头子毛森下令枪杀陈尔晋和王曼霞。

陈冠宁告诉笔者，当时的秘密死牢里关押着五百多名共产党人和革命志士。他的姨祖母是从牢中仅有的二十八名幸存者之一的施水天那里得知了父母英勇就义时的情况。临赴刑场前夜，王曼霞用渗着鲜血的双手抚摸着陈尔晋的脸庞，深情地说："尔晋，我们即将告别父母和孩子们，与为革命牺牲的战友们会师。我们从结婚那天起，就并肩战斗，今天就让我们带上还未出世的孩子去寻求共产主义真理吧！"陈尔晋紧紧地将妻子搂在怀里，满是歉意地说："曼霞，我没能完成党交给我的任务。人固有一死，只要能为民族和人民做些有益的事，我死而无憾。"

1949年5月19日，陈尔晋、王曼霞夫妇，以及莫香传、王兆愧、崔泰灵等十六名中共地下党员，被押往宋公园（今闸北公园）行刑。敌人的枪口，因共产党人的浩然正气而颤抖，英雄们放声高呼"中国共产党万岁""新中国万岁"。王曼霞一次次倒下，又一次次从血泊中挣扎站起，继续高呼口号，最终身中八枪，英勇就义时还身怀六个月的胎儿。他们以自己的壮烈牺牲，为陈修良等中共地下组织领导人安全转移赢得了宝贵时间，为中国革命的胜利作出了最后的贡献。

"国际悲歌歌一曲，狂飙为我从天落。"中华人民共和国成立后，中央人民政府追认陈尔晋、王曼霞为革命烈士，颁发由毛泽东主席亲自签署的00057—00058号烈士证书。笔者查阅到1951年5月20日的《大公报（上海版）》，大篇幅报道“宋公园十六烈士殉难二周年，上海各界人民举行纪念大会，并当场处决凶手之一的黄德煦”，表达了上海人民对黎明前英勇就义的先烈们深切的缅怀和追思。

（本文发表于2015年5月10日，选自《劳动报》，有删节）

金石滩书写六十年爱情传奇

文／张璐璐　刘　坤　刘宇婷　刘芷菁

叶明义，出生于山东莱阳，十五岁就当上儿童团团长。1944年秋，被发展成八路军的地下交通员。1946年6月，参加八路军。先后在胶东军区、华东军大胶东分校、山东兵团、第七兵团、浙江军区所属部队任战士、通信班班长、区中队队长、参谋、连政治指导员等职。参加了解放潍县、济南，以及淮海、渡江及解放舟山群岛等战役。1963年8月，调入大连海军指挥学校，晋升少校军衔。后在海军大连舰艇学院任系政治委员、党委书记等职。1985年10月，以正师职离休。

杨化芳，出生于安徽蚌埠一个中医世家，是二十世纪四十年代江浙一带颇有名气的“杨二小姐”。十五岁参军。1951年，参加抗美援朝，为了革命需要，从一名文艺兵转为军医。抗美援朝战争结束后，受邀进京，为陈云、胡耀邦、萧劲光等领导人及其家人看病。1957年，随丈夫调入青岛工作，师从著名儿科专家李德修，从事小儿中医治疗，专攻疑难杂症。多次受邀到国外出席国际传统医学研讨会，并被授予疑难杂症名医等称号。

在我军历史上，夫妻共同参加战争的不少，但能从硝烟弥漫的战火中携手走到今天的实属不易，而共和国的建设者、八旬老兵叶明义和杨化芳就是这样一对夫妇。2014年6月23日，他们在亲人和游客的祝福下，在浪漫的大连金石滩，用直升机举办了一场世纪婚礼。这对老兵夫妇携手走过六十年的爱情故事一时传为佳话。虽然他们共同经历了战争洗礼，但是他们对美好生活的向往，心怀祖国和平昌盛的愿望和他们心中那个浪漫的梦想，激励着我们励志前行……

婚礼前夕　为找最美海滩考察将近一年

“我能想到最浪漫的事，就是和你一起慢慢变老。”这正是叶明义、杨化芳携手六十年的生活写照。“化芳，谢谢你的勇敢和坚持，我知道你有大海一样的胸怀，等任务结束了，我一定会马上飞到你身边，保护你……你不是喜欢浪漫吗？我一定给你一个惊喜……”“明义，我不怕苦不怕累，我等你的好消息。谢谢你的鼓励，革命尚未成功，我们都要努力。”

在叶明义的书房，笔者看到二十世纪五十年代二人的书信。“这么多年，我们相濡以沫过日子，平平淡淡。我觉得自己老了，不应该像年轻人一样玩什么浪漫了，但是化芳不是。尽管她八十多岁了，但是很注意自己的形象，每天出诊给人看病，都打扮得漂漂亮亮。”叶老说，有一次整理书信，他突然想起六十年前的那个承诺和答应妻子的“惊喜”。“很突然，觉得不知所措。”谈起6月23日的那场婚礼，杨化芳用得最多的词汇就是“意外”和“感动”。婚礼现场，这个八旬老奶奶幸福洋溢，脸上泛起红晕，像一个羞怯的女孩。“我从小家庭环境很优越，父母始终要求我注意内外修养，所以从骨子里我是一个倔强、爱浪漫的人。”杨化芳说，“举办这个仪式真是难为老叶了，这一切都是为了我的喜好。我等了六十年，但是从来没想过会实现。”

为了举办这个仪式，叶老考察了将近一年时间。叶老说，他考察了好多地方，甚至为此去过青岛、烟台、威海和海南等许多有海的地方，几经比较和反复考虑，最后他把仪式地点选择在大连金石滩。“我曾经去过金石滩，我发现那里有非常美的海岸线，是一个原生态的地方。但是这些年，金石滩发展非常快，变化也很大，尤其是那里有直升机、亿万年震旦纪，还有伟人和老兵蜡像，对于我们这些老战士而言，看了都会默默流泪……”

叶老和儿女商量后，大家一致决定，金石滩的基因和气质最符合杨化芳老人心中“世界上最浪漫海滩”的梦想。

战争岁月　多次徘徊在生死边缘

战争年代，他们是英勇无畏的战士；和平岁月，他们是携手同行六十年的伴侣。光阴荏苒，他们的故事被传颂着、称道着，尤其是那段峥嵘的战争岁月……

叶明义从小家贫，祖祖辈辈都是农民，缺吃少穿。因为在家排行第六，家人都以“小六”称呼他，直到上学后才有了大名叶明义。

叶明义小时候就聪明灵巧，村里的孩子都听他的话。于是一支儿童团的队伍就由小变大，每天在村里站岗、放哨。叶明义还发明了抛拉式投放二十米到三十米距离的泥弹弓，在最初的防卫中也起了很大作用。

1944年秋天，叶明义被发展成八路军的地下交通员。“当时我接受的第一个任务就是将一个团的八路军顺利带出包围圈。”叶明义说，也正是因为这件事情，让当时的汉奸对他心怀恨意。后来，叶明义被他们抓住毒打，跪玻璃碴子，差点丧命，幸亏后来被救了出去。

1946年6月，他正式参加了八路军。叶明义说，那时危险无处不在，根本不知道下一刻会面临什么：正在行走时，敌人的飞机低空扫射，一枚炸弹在他们不远处爆炸；急行军中一次临时休息，一战士刚把地瓜干送到嘴里，一颗子弹就穿过了他的眉心；突然间就会枪声肆虐，子弹贴着耳朵飞过或者直接擦伤腿……战争的残酷是无法想象的。直至中华人民共和国成立后，他的生活才少了奔波。

就在叶明义南征北战的同时，他还未曾谋面的妻子“杨二小姐”，在安徽蚌埠也积极参加了革命。1951年，领导没有忘记“杨二小姐”中医世家的出身，让她从一名文艺兵转为军医，奔赴抗美援朝战场，负责转运和治疗从战场上下来的伤病员。

杨化芳回忆，她和战友一起用担架抬着伤病员过河：“河水上游发洪水，水深没到胸前。为了保证治疗及时，只能蹚水过河。两人把担架放到头顶上顶着过河。”河水冰冷刺骨，由于杨化芳年纪小，累得晚上都尿了床。

2016年3月　到民政部门补办了结婚证

经历过革命洗礼的爱情并没有想象中那样浪漫，两人第一次见面，在一起的时间仅有十天。这十天里，话题也始终围绕着革命。虽未共同战斗，但同样的参军经历，让两人有了更多的话题。

1955年12月，两人终于结婚了。没有鲜花，没有嫁妆，没有婚房，甚至连一张结婚证都没有领，只在海军青岛政治干部学校政委的主持下，与八十六对抗战夫妇一起举办了简单的集体婚礼。随后，他们就各自奔赴自己的岗位，继续投身到革命事业中。“我还记得婚礼结束后，我们有十几对战友一起来到海边，一起诉说战争故事。”叶老说，筹备世纪婚礼的过程中，他曾经几次来到金石滩。“我一个人坐在石头上，眼前的大海一望无际，脑海中浮现出当初战争胜利的喜悦，浮现出战友们在海边诉说衷肠的情景。”虽然经历了血雨腥风，经历了战争洗礼，但是大家心怀一个美好的梦想，一个和平和祖国昌盛的梦想。“我希望这些老战友还活着，我希望在有生之年可以和他们再聚首。”说到这，叶老的眼睛湿润了。

与叶明义和杨化芳夫妇一样，这些战友短暂地相聚后，都各自回到了自己的岗位。其中多数伴侣不能和心爱的人团聚，一直靠鸿雁传书，演绎了一幕幕别样的战地情缘。

2016年3月，叶明义和杨化芳夫妇到民政部门补办结婚证。起初工作人员都不相信这是一对携手六十年的眷侣，得知真相后，大家都羡慕又欣喜：“实在太少见，我们还是第一次遇到相伴六十多年的眷侣，太不容易了。”

现在，这对战火中走出的伉俪牵着手出去散步。过马路时，叶明义会紧紧握着妻子的手，为她挡车流。彼此之间一个关注的眼神、一碗温热的茶水、紧紧握在一起的手，无不让人感受到浓浓的爱意。

老人说，携手六十年，现在，他们最希望的就是互相陪着对方多一天，再多一天……

（本文发表于2016年10月19日，选自《半岛晨报》，原标题为“金石滩书写60年爱情传奇引网友点赞”，有删节）

长期潜伏南京的新四军伉俪

——博士生导师张楠谈父亲张一锋、母亲马常卿

文／刘顺发

央视一套、八套曾热播的大型电视连续剧《决战南京》，反映的是中共南京地下党与国民党斗争的故事。由于是文艺作品，剧中人物和情节难免有艺术加工的痕迹。电视剧播放期间，我们采访了海军指挥学院博士生导师张楠教授。张楠的父亲张一锋、母亲马常卿当年都是从南京奔赴抗日根据地参加新四军的进步青年，后被派回南京开展地下情报工作。张楠向我们讲述了父母的一段人生传奇。

从新四军派往日伪统治中心南京

张一锋是南京人，马常卿是扬州人，都出生于1922年，是二十世纪四十年代中央大学文法学院法律系的同班同学。张楠的爷爷张学声当年在南京朝天宫开新园浴室，张家在莫愁路一带也算是殷实人家。张楠的外公马景行是留美博士、中央大学教授，外婆施肇华早年追随孙中山先生，是老同盟会的会员。张楠的父母，少年时代就受到“救国必须读书、读书不忘救国”思想的影响。在中央大学读书时，他们积极参加地下党领导的驱逐汉奸校长樊仲云，抵制日伪政权对大学生搞军训，“清毒”等活动，引起了中共

张一锋、马常卿夫妇

组织对他们的关注，并先后由黄经成介绍参加了革命。

1942 年，张一锋、马常卿等革命青年在新四军第二师城市工作部交通员的引导下，穿过日伪军的三道封锁线，到达第二师所在的抗日根据地参加了新四军。后来，组织上考虑张一锋更适合在敌占区工作，就将他作为第二师城工部的干部派回南京开展地下情报工作。回南京后，他成功地掩护了来自根据地的上级领导顾秋石同志。几乎与此同时，顾秋石的夫人夏静华也在马常卿掩护下，以汇文女子中学学生的身份，在南京合法地安居下来。

不久，张一锋、马常卿由顾秋石、夏静华夫妇介绍加入了中国共产党。

1946 年 4 月，中共中央华中分局决定成立中共南京地下市委，市委书记陈修良直接领导情报工作，由卢伯明任情报部部长，卢伯明与顾秋石在张一锋家完成了工作的交接。卢伯明向上对市委书记陈修良负责，向下直接领导张一锋、白沙和刘贞这三条线。陈修良说：“张一锋同志搞情报工作最合适。他是南京人，生在南京、长在南京，从念私塾到读大学，一直没有离开过南京。他的父亲在莫愁路一带小有名气，是很好的保护色。”卢伯明部长除向南京市委负责外，也同中共代表团联系，将获得的情报报送中共上海办事处刘少文同志处。

虎穴狼窝里的战斗

南京市委严格按中共在国统区“隐蔽精干、积蓄力量、长期埋伏、以待时机”的总方针和坚持“职业化、大众化、社会化”的原则开展工作，采用单线联系的方法接头。卢伯明以张一锋的家为联络站，与张一锋见面时化名张芸，书面联系时化名李木樨。张一锋、马常卿称卢伯明为张大哥，张的父母亲则称卢伯明为张先生。张一锋主要负责联系外面的情况，马常卿是联络站的站长，留守家中随时与卢伯明保持联系。每次卢伯明来接头，总要先看看联络暗号——若窗口摆花盆，并拉开窗帘，表示没有异常情况，可以接头；否则，就另外再选时间接头。马常卿除联络卢伯明外，还联络六合的黄经成、江浦的陈智周、陈克家等同志。陈克家后来掌握了国民党一个区的三青团和一个乡的地方武装，减轻了解放军大军渡江时在这一地区作战的压力。

在特务横行的南京搞情报工作，危险性很大。1946 年，张一锋的一个叫常云樵的大学同学，在中统总部当特务。他为了扩充个人的势力，张罗着要成立国民党南京市第五区党部，欲拉中央大学的同学入伙。张一锋请示市委批准后打入其中，后被选为区党部执行委员。这样，张一锋又多了一层保护色，以“中国国民党南京市第五区党部执行委员、中央大学法学士”的公开身份从事中共地下情报工作。

张一锋单线联系打入敌人内部的地下党员中，主要有秦杰、吕健军等十几位同志。当时，他们不知道张一锋的真实身份，只知道张一锋代表中共上级组织。每次见面时，张一锋把党的指示传达给他们，再把他们获取的情报向党组织报告。

秦杰是南京人，原名周长龄，打入国防部二厅，公开身份是一级文官（相当于上尉）。二厅是情报厅，厅长侯腾是军统的“十三太保”之一，深得蒋介石信任。秦杰打入二厅，等于在敌人心脏里插了一把尖刀。在解放战争中，秦杰每周向张一锋报告一次敌情。

1947 年夏，张一锋、马常卿喜结良缘。张父在南京夫子庙的太平洋餐厅大张旗鼓地为他们操办婚礼。婚礼正在进行时，新郎官忽然不见了。亲朋好友闹着要找新郎敬酒，局面一时失控，两家的老人也急得不知所措。此时，只见新娘马常卿大大方方地站起来，双手捧着酒杯，主动向来宾致歉：“真是对不起诸位亲友高朋，只因多日操劳，一锋身染微恙。片刻之间，去去便回，我代一锋先敬诸位一杯如何？”“好！好！好！难得新娘子豪爽！”马常卿表面镇定自若，内里也心急如焚，她知道张一锋此时正与秦杰按事先的约定在国民大戏院接头。秦杰的情报是中共华中第十地委书记金柯因叛徒出卖，在上海被捕并叛变投敌，致使第十地委在上海的组织、机关均遭破坏，华中分局在苏州开设的裕华公司也被破坏，近期他还将被派回苏北解放区进行活动。这个情报事关大局，张一锋必须先将此情报送出，才能返回婚礼现场。事后得知，金柯刚潜入苏北，就在江都境内被解放区锄奸机构抓获。

吕健军打入国防部政工局出版社，并发展了多名共产党员，包括周一凡、汪洋、张少昕、叶肇盔、朱谊民、倪守诚等同志。他总能在第一时间内将国民党印发的重要文件交给张一锋，如蒋介石亲定的《戡乱建国手册》《剿匪手本》等刚一出笼，就被中共组织掌握。在重庆谈判和一系列国共谈判中，这些证据使国民党代表面面相觑、哑口无言。周一凡、汪洋两人打入军统局学运组，经常出席其秘密会议，掌握了军统局在南京各大专院校以职工身份作掩护的特务的情况，使中共组织赢得了对敌斗争的主动权。叶肇盔因其父是桂系军阀夏威的至交而被推荐给白崇禧，他在白崇禧身边获取了大量重要情报。国民党军队的一举一动，中共组织都了解得清清楚楚，使我军赢得了战场上的主动权。朱谊民则打入国民政府的立法院，使中共组织能及时掌握国民党上层的动态。张少昕、倪守诚在《大刚报》任职，张少昕曾当过国民党联勤总部汽车队指导员，每当敌人要动用车队搞大逮捕时，中共组织都能提前得知，及时采取保护措施，避免损失。

与魔鬼打交道的岁月

1947 年由中共南京地下市委书记陈修良发动领导的五二〇运动，沉重地打击了国民党，毛主席赞誉“开辟了对敌斗争的第二条战线”。1948 年五二〇运动一周年时，国民党当局加大了对青年学生和革命群众运动的防范。就在纪念会散会的当晚，大批特务、宪兵和警察把金陵大学包围得水泄不通，企图逮捕金陵大学党支部书记杨寿南和其他进步学生。卢伯明指示张一锋派尚渊如通知杨寿南转移。尚渊如是南京五中教员，化名高德隆在金陵大学社会福利系读研究生。尚潜入校园后，给杨寿南留下密语：“母病危速回。”杨寿南见后立即转移。对于被捕的十多名进步学生，党组织动员学生自治会同敌人展开斗争，及时向新闻界发布消息，组织学生到国民党中央青年部请愿、示威，迫使当局不得不放人。

1948 年冬的一个星期三，中统南京实验站西区站长陈梦麟醉醺醺地到张学声开的浴室洗免费澡。陈为和张一锋套近乎，掏出中共打入美国大使馆当总机接话员的何馥麟的照片让张看：“这是个‘奸匪’，这个礼拜五下午对他动手。司徒雷登允许我们在美国大使馆的后门动手。千万要保密！”陈洗完澡刚走，卢伯明正好进门。张一锋立刻汇报这一情况，卢听完后急忙去布置何的撤退事宜。

张楠回忆说：“1979 年 10 月，我和妻子刘玉瑛回杭州，路过上海探望卢伯明伯伯、刘贞阿姨时，他们告诉我，‘张楠，由于你爸爸妈妈警惕性高，保证了党组织的安全，也保证了你刘贞阿姨的安全。否则，你刘贞阿姨早就不在人世了。你们的父母非常机智勇敢，那么年轻就为党和人民作出了杰出的贡献。他们是党的好战士，是我们的好战友。你们一定要学习父母的革命品质和优良传统。’”

1948 年，国民党统治集团阴谋在南京搞大逮捕，妄图以抓几百人、杀一批来恐吓群众，达到扑灭蒋管区革命火焰的目的。镇压的主要对象是学生领袖和骨干分子。周一凡、汪洋两人多次从军统学运组准确获悉敌人拟逮捕人员的“黑名单”，通过吕健军交给张一锋，最多一次“黑名单”上竟有四百多人。张一锋每次都在第一时间向卢伯明汇报，市委当即采取措施，保护了革命力量。其中有著名学者涂长望、梁希、潘菽等，当张一锋得到敌人要逮捕他们的情报后，立即向市委报告，使他们能够迅速转移到解放区。中华人民共和国成立后，涂长望担任中央气象局局长，梁希担任农业部部长，潘菽担任南京大学校长。市委书记陈修良经常表扬张一锋夫妇和他们的战友：“情报部是市委的耳目，不仅是情报部，更是保卫部，有效地保卫了南京地下党组织和革命力量的安全。”

黎明前的战斗

1948 年 12 月 30 日，毛主席发出了《将革命进行到底》的动员令，解放军正筹备打过长江，解放全中国。为了准备对敌作战，张一锋夫妇根据卢伯明同志的要求，准备并收藏了两大皮箱国民党军队的军事部署图。为安全起见，他们还准备了一大瓶强酸，以备情况紧急时销毁这些绝密材料。

朱铁华在抗战中满腔热血地加入了中国空军，是国民党空军第八大队的机长，原驻石家庄地区。抗战胜利后，他期盼和平，厌恶内战，在华北参加过一次起义，但失败了。朱铁华在国民党军队联勤总部任少将的叔父朱静波（朱谊民的父亲）用二十根金条贿请联勤总司令黄镇球上将和海军总司令桂永清上将担保，才保住了性命，但被取消了飞行资格，调南京监管。经过一段“考察”，加上国民党空军飞行员太少，难以满足战争之需，就又让他驾驶运输机。对内战，他十分不满，经常和堂弟朱谊民谈心，流露出强烈的反战情绪。朱谊民及时向党组织汇报了这一情况，卢伯明指示张一锋密切关注并联系朱谊民，动员朱铁华起义。朱表示愿意起义，但要求和市委书记面谈。卢伯明就派张一锋代表市委书记和朱见面。在朱谊民的掩护下，张一锋三次深入虎穴，到国防新村和朱铁华面谈。向朱铁华宣传党的政策，使他看到了前途、明确了方向和起义方法。后来，朱铁华和朱静波在广州起义。中华人民共和国成立后，朱铁华担任空军第十四航校的副校长，为人民空军的创建和发展贡献了毕生力量。

在解放军准备渡江的日子里，张一锋还布置周一凡查清了军统在南京潜伏特务的名单及爆破、暗杀计划，为中华人民共和国成立后的“镇反”和“肃反”扫清了障碍。

从 1947 年 9 月起，市委书记陈修良派张一锋到芜湖，负责领导芜湖、宣城等南京邻近城市的地下斗争。张一锋直接深入青年学生和工人中去开展工作，先后成立了安徽学院新民主主义学会和新民主主义先锋队等党领导的群众革命组织，将一大批进步青年团结到党的周围。临近解放时，这支队伍中的共产党党员已发展到九十多人。在张一锋的领导下，安徽学院成立了护校队，芜湖明远电厂、自来水厂、裕中纱厂、邮电局等单位的工人紧急动员起来，坚守工作岗位，严防敌人溃败前的破坏。张一锋和战友们以“中国人民解放军进驻芜湖先遣队司令部”的名义印发传单，散发给群众，宣传党的政策，宣布解放军进城后秋毫无犯，打消了群众，尤其是工商界人士对人民解放军的顾虑。1949 年 4 月 23 日，当人民解放军第十军的队伍浩浩荡荡地开进芜湖时，护校队、护厂队都组织起来，手拿棍棒站岗放哨，巡逻检查，大街上秩序井然，群众夹道欢迎解放军的到来。解放军第十军政委李步新同志握着张一锋的手说："我们终于和地下党胜利会师了！"

同一天，马常卿和坚守在南京的地下党员一起，迎来了南京的解放。从此，张一锋夫妇结束了地下情报工作生涯，开始了保卫新生人民政权、建设中华人民共和国的奋斗历程。

（本文发表于 2014 年 12 月 4 日，选自铁军传媒网）

一对革命夫妻的生离死别

口述／江焕如　整理／黄建栋

1938年中国进入全面抗战时期，中共从上海地下党选调精干的青年干部到苏北沦陷区投入抗战，我小姨孟一如（1917年—2008年）就是其中的一个。那年12月，江苏省委调她到唐闸，任大生一厂支部书记。刚满二十岁的小姨随江北特委书记唐守愚同志到南通唐闸大生一厂。此时，大生一厂党支部恢复建立仅一个月，党员仅宋祖望、孟桂林、俞清等几个人，小姨通过宋祖望认识了女记账员朱寄萍、陆志英，通过她们结识了一批女职员和女工。这样，女工工作也就逐渐开展起来了，妇女党员发展到十多人。

小姨和工人打成一片，经常讲抗战的形势，讲党的政策、主张，组织党员和工人骨干学习毛主席的《论持久战》等著作。这些材料都是从特委书记唐守愚那里得到的。为了避免敌人搜查，她把书和文件拆成一张一张的活页，买一些面条放在上面，托在手里或放在篮子里，通过日军岗哨时，小姨把面条向前一伸，说“米西米西”，几次都顺利通过了。

在小姨和支部同志的宣传组织下，大生一厂的抗日力量得到很大发展，大生一厂的党员已发展到十几人，参加活动的工人骨干已有三十余人。

1939年春，特务活动更加猖狂，小姨的住所经常受到侦查、监视，她的身份已经引起了敌人的怀疑。由于斗争环境的变化，特委决定小姨撤退到唐闸附近的罗祖殿，以小学教员的身份作掩护，继续领导大生一厂党支部。此时国民党的武装也在附近活动，先是派了县政府的人来检查，想审查小姨的活动。小姨义正词严：“日寇侵略我们的国家，已经到了生死存亡的关头，我在上海读书读不下去了，为了民族的生存，每一个中国人都应起来抗日救亡，我在这里一边教书一边宣传抗日有什么错？”接着，小姨把县政府发的一张督导员委任状（特委通过关系拿到的）给来人看，来人无言以对，悻悻而去。

但是敌人没有放松对小姨的监视、威胁和迫害，复兴社特务张耀武经常背着一把驳壳枪来学校看她上课，还趁小姨不在时到她卧室里乱翻。后来这个特务还恬不知耻地多次给小姨写信，说他也是抗日的，和小姨都是一条战线的，叫小姨去为他们编反动的《苏民报》。小姨把这些信交给领导唐守愚、赵毓华看了，大家分析小姨的身份已暴露，形势十分严峻，经请示特委，党决定让小姨撤回上海。这时已是1940 年春天了。

抗战烽火中建立革命爱情

小姨再次来到苏北时，已是一年后的 1941 年春天了。那年夏天，小姨和姨父石林（1918 年—1946 年）相识了。姨父生于一个贫苦农民家庭，父母早丧，由叔祖母收养。读过私塾，当过学徒。1936 年去武汉读中学。1938 年参加我党领导的安徽省直属第二十二民众动员工作团，先后在潘佑年、张灿明领导下投身抗日救亡活动。1939 年春投奔大别山新四军，同年加入中国共产党，历任战士、文化教员、指导员、新四军皖南军部军法处科长等职。1940 年新四军东进，他随部队来到苏北抗日前线。

1941 年是抗战最为艰苦的时期，日军“八一三大扫荡”后，苏中所有县城和集镇都落入敌手中。此时，石林同志在新四军苏中保安处一科任科长，小姨孟一如担任内勤兼管政治思想工作，小姨和姨父并肩战斗，在抗战的腥风血雨中建立了革命的爱情。

1942 年初，他们结婚后不久，一天深夜大雨倾盆，上级要求部队冲过敌人的包围到指定地点集结。在休息时石林同志不顾疲劳查看在押案犯，不幸被倒下的门柱砸在头部，当即晕倒不省人事。经医生急救后姨父虽然苏醒，但伤势太重已无法随同部队行军。组织上要小姨留下照顾，而姨父却不顾自己的安危，命令小姨代替他工作，完成转移任务。第二天拂晓部队冲过了敌人的包围圈，而姨父也机智地躲过敌人的搜查。

石林同志作为新四军的保卫干部具有高度的组织纪律性和保密观念。1942 年春，日军到唐洋“扫荡”，来势十分凶猛。石林同志亲自率短枪队与敌人周旋，保卫县领导机关安全转移，当时我部只有一个公安连，边打边撤情况紧急，文件无法带走，只得在草地掩埋。第二天，石林同志从专区回来，问及此事焦急万分，文件中有一份中央社会部的指示，是机密文件，他冒着生命危险，立刻带领短枪队深入敌后去找，后来找到了那份机密文件。

解放如皋　生离死别英勇献身

1946 年春夏之交，上级调石林同志任苏北一分区专员公署公安局副局长，兼任

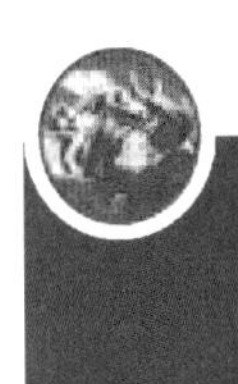

中共如皋中心县委常委、县公安局局长。那年7月，国民党大举向我苏中解放区进攻，如皋是敌人进攻的主要目标，皋南战斗激烈进行的时候，敌机整天在如皋城上盘旋扫射。一天，敌机扔下炸弹和燃烧弹，机关驻地大寺内浓烟滚滚，瓦砾乱飞。石林同志沉着指挥军民奋战了一个多小时，扑灭大火，救助伤员。还有一次，敌机轰炸，他和警卫员一同被压在震塌的灶塘下。主力北撤后，他奉命率队在如皋坚持斗争。

1946年10月，国民党“清剿”日趋紧张，小姨和姨父已经有了一男一女两个孩子，而且小姨已经怀上了第三个小孩。小姨在中华人民共和国成立后写了一篇回忆文章《忆石林同志》，文中记述了1946年10月8日丈夫同她诀别的情景和石林同志牺牲的经过：“他和蔼地对我说，‘因形势危急，地委来信，托儿所已解散，你北去后即把两个孩子送老百姓家寄养，这样我们才可安心工作。’并说，‘我们是革命同志，离别不算一回事，我在前方工作，交通阻隔，也许你不易经常收到我的信，你不要担心我，你至少要作几个月的打算，胜利就在眼前。’当时我被他坚定的革命信念和深切的夫妻感情所感动，说了几句祝愿的话就匆匆告别。父母和子女是骨肉之情，千丝万缕，我按丈夫的嘱托把孩子送往几百里外的老乡家寄养。在战争年代里，生离往往可能成为死别，谁知这送别竟然是夫妻、父子的永别。同年11月下旬和12月上旬，接二连三传说你不幸的消息，我再三追问，同志们矢口否认，我不愿朝坏的方面去想，总是抱着好的希望继续等待。1947年3月19日我终于从钟期光政委那里得到石林同志牺牲的噩耗——1946年11月4日，他在战斗中重伤被俘，后被敌人杀害。此时，距离你英勇牺牲已整整两个多月。正是我生下遗腹子产后第十四天，晴天霹雳，全身寒栗。”

（本文发表于2015年5月4日，选自《江海晚报》）

张体学和林少南的革命夫妻情

文 / 叶重豪

武汉蒙大难，革命母亲保护革命后来人

1945 年 4 月，张体学已任鄂南地委书记、鄂南军分区司令员兼政委，全面负责领导沿江各县的政治和抗日军事斗争。当时，王震率领的三五九旅南下支队自延安南下与张体学部队会合后，渡江到江南一带作战。

林少南虽已身怀有孕，但因在旅部当干事，仍随部队行动。张体学对她要求非常严格，吃饭、行军都和战士们一样，不允许有特殊的照顾。林少南也自觉地按照张体学的要求遵守部队的纪律，夫妻二人在思想上、行动上保持着高度的一致。

1945 年秋天，日军宣布投降。根据形势的变化，部队决定进驻大悟山与李先念所率领的新四军第五师主力会合，部分人员精简疏散。张体学看着怀孕的妻子，要她带头离队隐蔽。当时有两个去向：一是在黄冈隐蔽，一是到武汉投亲靠友。林少南认为在黄冈情况熟，不愿意到武汉去。可张体学说："在黄冈固然好，但是，如果出了叛徒，情况则十分危险。"尽管林少南思想有些不通，可她还是不愿增加张体学的精神压力，默默答应了。第二天，张体学在部队做动员报告时，首先宣布林少南离队隐蔽。

林少南离开部队来到武汉后，暂

张体学

住在汉正街的舅父家里。当时的武汉，社会秩序混乱，国民党特务四处活动，抢劫、暗杀等事经常发生。11 月 4 日，张体学派警卫员王明清送信给林少南，要她千方百计哺育好孩子，如果在武汉待不住，就到延安去找党。同时要她提高警惕，要从最坏处做准备，“若被捕，要坚贞不屈”。

11 月中旬的一天，林少南在住地附近发现了家乡的日伪保长林百川，只见他身穿长褂，头戴礼帽，在那里转来转去。林少南感到问题严重。上午 9 时许，闯进来两个人“查户口”，林少南报了化名张慧。这两个人没抓到什么把柄就出去了。不到十分钟，又进来问：“你是林少南先生吧？”“这里没有林少南。”她回答。又过了一会儿，武汉国民党党部的专员周世姗带着一群特务冲进屋来，开口就说：“你是林少南。”她果断地回答：“先生，你找错了吧，我是从大后方回来的。”他继续追问，林少南一直反驳。看来，特务们对林少南的情况很清楚。正僵持着，叛徒吴正阳进来了。他原是黄冈县委的警卫员，常去林少南家里。他恬不知耻地说：“你不就是张体学的老婆林少南么！”说着，他就把林少南和张体学结婚的照片拿出来作证。林少南打断他的话，痛斥这个可耻的叛徒。当时还有几个特务抄了她的家，但什么也没抄出来，最后，留下两个特务看守，把她就地软禁起来，外面不露痕迹，想用这个办法诱钓大鱼。

原来，林少南到武汉后，黄冈的伪保长林百川就向武汉国民党党部告了密。为了邀功，谎称鄂东军区司令员张体学老婆林少南来武汉搞特务活动，并带有两部电台、十名武装人员、十支手枪和几千块银圆。武汉国民党市党部把这件事列为要案。这时林少南已怀孕八个月，行动不便，她决心就地坚持斗争。林少南的妈妈鼓励她说：“不到敌人最后杀死你的时候，就一定要坚持活下去，把孩子生下来。”林少南便坐下来，心里对远方的丈夫喃喃细语：“体学，我一定要尽最大的努力，保住你的血脉，保住革命的火种。”

第二天上午周世姗又来了，他见硬的不行就来软的，进门便假惺惺地说：“林少南先生，我看你很年轻，很想帮助你。张体学将军也很年轻，我们也想帮助他。”他问：“你到武汉来的任务是什么？”林少南拒不回答，以沉默表示抗议。

周世姗又狡猾地说：“你很年轻，中毒太深了，我们要想办法帮助你把脑筋洗过来。”他还污蔑张体学说：“他干共产党，对国家和蒋委员长不忠；让你和你的母亲受苦，此为不孝。是个不忠不孝的人。”临走时露出了狰狞的面目，威胁说，“你要知道我们的厉害，你顽固，我随时可以把你处死。”没过几天，林少南就和她的妈妈一起被捕了。

当时，国共两党正在谈判，特务们不敢公开审讯林少南。他们见劝降无效，就将林少南和她妈妈一起投进了监狱。林少南在被关押期间，艰难地生下了孩子，她给这个苦命的孩子取名叫张牢生，意思是在国民党的牢狱里生下的。林少南做好了被害的思想准备，她深情地对母亲说："如果我被敌人杀害了，你一定要想办法把牢生带出去，到延安去找党。"她还通过各种方式，托人带信给张体学，要他把革命进行到底，要坚信革命一定会成功。

张体学把林少南被捕的消息报告给党组织后，当时正在汉口同国民党谈判的王震同志，多次出面交涉，要求释放林少南等共产党人，国民党党部一推再推。在忍无可忍的情况下，王震大义凛然地来到国民党汉口当局办公地，拍桌子质问国民党谈判代表说："张体学打日本有什么罪，你们为什么把他的妻子和岳母抓起来？为什么这样不讲仁义？"经过多方交涉和斗争，国民党才被迫释放林少南及其母亲和孩子。在监狱里进行了八十二天斗争的林少南及其母亲，抱着出世不久的张牢生回到了党的怀抱。历经这次磨难，张体学与林少南再次见面时是那样的悲喜交集，张体学凝视着林少南憔悴的脸庞深情地说："你受苦了！"林少南回答道："胜利啦！我们又可以为革命再作贡献啦！"

中华人民共和国成立后，张牢生从学校毕业了，张体学夫妇找到组织部门的同志，要求把张牢生分配到农村去磨炼，不能留在省里贪图享受。张牢生被分配到红安县高桥区，一直在基层工作，后来一步步走上领导工作岗位。

英魂归红土，忠贞爱情故事千古流传大别山

1972 年，时任中共中央委员、中共湖北省委代理书记的张体学被确诊为肺癌，时年只有五十七岁。他知道留给自己的时间不多了，就进一步加快了工作节奏。看着丈夫病情日渐加重，林少南怀着极大的痛苦和不安，苦口婆心地劝他安心治病，养好身体。张体学完全理解亲人的心意，深情地说："少南，时间对我来说，实在是太紧了，一分一秒也不能耽搁，只好辜负你挚爱的心意。"他抱病到江苏考察水利建设，回省后又积极筹划葛洲坝水利建设的事宜。

张体学病重后，得到周恩来总理的亲切关怀，将他接到北京治病。1973 年 8 月底，张体学病危，他把妻子林少南叫到床前，对她说："今后还是要好好学习，好好工作，好好联系群众。带好孩子，教育他们跟着党、跟着毛主席好好干。"对身边的许多小事，他都考虑得非常周到，嘱咐林少南说，"我不在了，现在的住房应退给机关，机关分给我使用的家具，都要全部退给机关。"他就这样一件件、一桩桩交代得清清楚楚。

林少南深知张体学的脾气和作风，见他交代后事，心如刀绞。她想到在大别山，她和张体学一起保护"夫妻树"的故事。

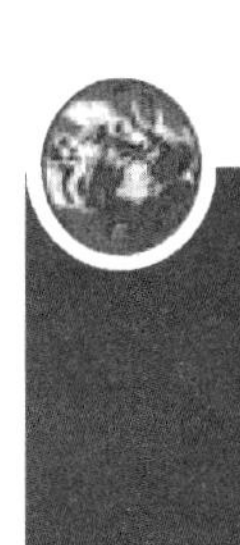

那是1958年，蕲春县青石岭的群众正准备锯掉刘公河边的一棵大树。坐车经过此地的张体学看到后当即下车，径直走到社员身边问："是谁叫你们锯的？"社员答道："队长。""锯掉干什么？""炼钢铁！"

为了保护这棵古树，张体学编了一个神话故事："这棵大树是一对夫妻树中的夫树，你们若把夫树锯了，那妻树就活不成了。"一个社员纳闷地问道："那棵妻树呢？"

"看，在河对面。"张体学指着河的对岸回答。人们抬眼望去，果然在河对岸有一棵同样大的古树。张体学继续说："夫树在这边给行人遮太阳，妻树在那边给等候渡船的人纳凉，他们为老百姓服务好多年啦！抗日的时候，我在这一带打游击，就常在这两棵树下乘凉歇荫。"张体学的一席话，终于使这对"夫妻树"保留下来。如今，"夫妻树"长得郁郁葱葱，而自己就要和心爱的丈夫诀别，心里十分难过。但为了让丈夫安心，一再说自己懂得这个道理，一切照他的意思办，劝他安心。

张体学临终前，对前来看望的老战友林伯平说："我已病成这样，剩下的日子不多，我死后要回到大别山贾庙杜皮去。我为什么要回那里？我要和牺牲在鄂东红土地上的战友们在一起。"林伯平当时想，张体学是省委书记、中央委员，他的事我怎么管得了呢？张体学似乎看出了林伯平的为难之色，又说道："这可用不着你管，你知道就行了，我已向中央写过报告，周总理、董老也是知道的。"林少南在旁边听着泪如雨下。

1973年9月3日，张体学那颗火热的心脏停止了跳动，他走时只有五十八岁。生命虽终，风范永存，党中央对他的一生给予了高度评价，在悼词中说："张体学同志是中国共产党的优秀党员，他忠于党，忠于人民。几十年来，他跟随毛主席干革命，贯彻执行毛主席的革命路线，在国内革命战争、抗日战争和解放战争时期，在坚持大别山区的斗争中，贯彻执行毛主席的人民战争思想，紧紧依靠群众，英勇作战，积极工作，克服种种困难，与敌人进行了不屈不挠的斗争。在社会主义革命和建设中，艰苦奋斗，作出了贡献。"倾听党中央对丈夫一生的公正评价，林少南坚毅的目光中饱含泪花……

遵照张体学遗愿，他的骨灰安葬在黄冈市贾庙烈士陵园，墓碑正面是王震将军书写的"张体学之墓"五个大字，背面镌刻着张体学生平简介。墓园两侧是董必武亲自作的挽联："策马挥戈宁抛热血贻千古　忠心赤胆敢将铁骨著高风。"

2000年11月5日，担任过湖北省副省长，时任湖北省政协副主席的林少南同志也因病辞世。在这位受人敬爱的革命先辈的灵前，也高悬着一副挽联："毕生为民众，足迹遍荆山楚水，风雨几曾经，国事党恩，深情尽注　倾爱做母亲，襟怀更教子相夫，声名皆远播，懿行品德，典范长存。"

如今，张体学、林少南这对革命夫妻已魂归鄂东红土地，他们那与革命事业融为一体的动人心魄的爱情故事，犹如郁郁葱葱的大别山一样，千古流芳，昭示着一种崇高的境界、一种无私的情怀！

（本文发表于2013年11月18日，选自中红网，有删节）

高阳县革命夫妻演绎七十年爱情故事

文/赵　辉

在保定市高阳县西庄村一个普通的小院中，住着一对九十岁高龄的革命老夫妻。他们相知相守，携手走过风风雨雨的七十载。如今他们用自己平淡的生活向世人诉说着革命爱情的忠贞与幸福。

寇志明老人

十七岁被组织吸纳为地下党

一进入高阳县西庄村寇志明老人的家门，干净的院落中两棵郁郁葱葱的果树分外显眼。树下一位身穿白色T恤，头发花白的老人正坐在藤椅上悠闲地乘凉。他正是笔者要采访的对象——寇志明老人。

寒暄过后，寇志明老人慢慢地回忆起1939年日军占领高阳县城的往事。老人回忆道，当时日军为了补充粮食，经常派一些听命于日军的当地人（他们称之为“保长”），到县城周边的村子挨家挨户收取老百姓的粮食。

1939年9月22日，保长带着一些人到寇志明家收粮食。当时年仅十七岁的寇志明看到他们要把家里仅剩的一点儿粮食收走交给日本人，死活不同意。僵持之下他就和保长带来的人打了起来。情急之下，保长发出狠话要把寇志明交给日本人。

当时正在西庄村从事地下工作的共产党员李炳毅得知此事后，用各种关系疏通，将此事平息下来，保住了寇志明。

事后，李炳毅发现寇志明是可以发展成为共产党员的对象，就多次找寇志明谈话。不久，就将他吸纳入党，成为与李炳毅秘密接洽的一名地下党员。

偷拿日军子弹　险些丧命

寇志明说，当时日本人人手不够，就在附近几个村子里找了很多老百姓帮他们挖战壕，他也被拉去做了苦力。

寇志明在挖战壕的时候，发现日军经常会散落一些子弹。就产生了一个大胆的想法：把子弹偷偷带回去，让八路军用它打日军。寇志明就一边帮日军挖战壕，一边趁日军不注意，把散落在地上的子弹装在衣服最里面的兜里。一天，在做完苦力后，他将五发子弹放进了衣服最里层的口袋中。在他准备回家时，日军突然要对做完苦力的老百姓进行搜身检查。

日军搜身时，从一位卖烧饼的人身上搜出几发子弹。日军大怒，当场把他拉出来，用刺刀刺死。随后，日军为了排查此事，把村子里卖烧饼的人全都抓起来盘问。

后来，寇志明听说那个卖烧饼的也是想拿些子弹交给八路军。寇志明老人摇着头说道："我当时算是命大的，子弹藏得比较深，没有被鬼子发现，不然也就没命了。"

寇志明老人说，这件事一共死了五十多名卖烧饼的无辜老百姓，当时在西庄村是一件大惨案。讲到这里时，寇志明老人摆摆手说："当时我们都不敢过去看，不说也罢。"

七十年革命夫妻儿女都羡慕的爱情故事

再有几个月，寇志明与韩淑慧就结婚七十年了。1945 年 8 月，十四年抗战刚结束，十九岁的韩淑慧也到了待嫁之年，父母就开始托媒人帮她张罗合适的结婚对象。其实早在抗战革命工作中韩淑慧为八路军提供后勤保障时，她就已经结识寇志明，且心仪已久。

但由于韩淑慧当时家庭比较优越，属于中农，而寇志明家里属于贫农。韩淑慧的父母因想让女儿过更好的日子，起初并不愿意让女儿嫁给寇志明。在韩淑慧的坚持下，经村里的党组织介绍，最终两个相互爱慕的年轻人走到了一起。

谈起两人恋爱经历，韩淑慧老人捂嘴一笑

当问到韩淑慧老人为什么当时一定要嫁给寇志明时，韩奶奶一笑说："用现在你们年轻人的话说，就是他很帅。"一句话把在场的寇志明和他的儿女全都逗乐了。

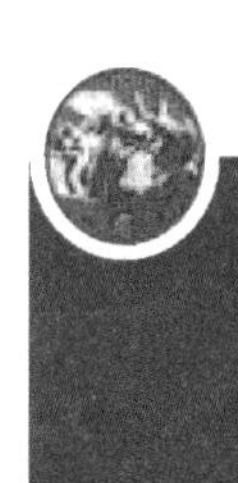

寇文忠是寇志明的小儿子，他告诉笔者，父母在生活中免不了有磕磕绊绊的时候，但是父亲的脾气比较好，每次他俩对一些事意见不合时，父亲总是让着母亲。“今年父亲已经九十三岁，母亲八十九岁了，还能这样恩爱，让我这做儿子的都很羡慕。”寇文忠说。

（本文发表于2015年9月2日，选自河北新闻网）

武同峙、张宗声：抗战夫妻牵手六十八载

文 / 李　雪　　蒋亮亮

武同峙，男，生于 1924 年，山东临沂临沭县人，十六岁参加抗战。现居泰安。张宗声，女，生于 1922 年，山东临沂临沭县人，十七岁参加抗战。现居泰安。

年轻时的张宗声和武同峙

抗日战争中，夫妻共同参加战争的不少，但能从硝烟弥漫的战火中携手走到今天的实属不易。已是九旬的武同峙、张宗声就是这样一对夫妇。“她也参加了抗战，比我还早一年。到今年，我们已经结婚六十八周年了。那年我二十三岁，她二十五岁。”武同峙，1924 年出生在临沭县一个贫苦农民家庭，1940 年参加抗战工作。在战火纷飞的 1947 年，武同峙与张宗声结了婚。这么多年过去了，两人经常一起回忆当年抗战的故事。“我能想到最浪漫的事，就是和你一起慢慢变老。”这正是武同峙、张宗声携手六十八年的生活写照。

武同峙：动员四百多名青年参加抗战

“日军入侵以后，学校就解散了。我们学生就自己找出路，有的去了大后方，支持四支队。”回忆起参加抗战前的日子，武同峙告诉笔者，当时自己还在学校读书，读了五年高小的他后来又读了一年私塾。

虽然没有遭遇过敌人的“扫荡”，但他们村里却经常有逃来避难的百姓。“我们

都不愿意做亡国奴，于是就去参加了抗战工作，为抗战贡献自己的力量。”

开始了自己的抗战生活后，武同峙首先参加了地方大队，组织地方游击队参与抗战。“那时候，我们的任务就是扰乱敌人。敌人在我们那里有一个据点，隔上三五天，我们就去他们的据点，在周围打一枪，给他们造成混乱。”虽然没有直接上战场打过仗，但是几个月的时间里，武同峙和同村人一直在为部队服务。1942 年，在抗日战争最困难的时期，武同峙在临沭县岌山区任宣传委员。他不分昼夜地工作，发动贫下中农减租减息，进行土地改革。他坚持对敌斗争，动员了四百多名青年参加了八路军一一五师六八四团，成为抗日的主力军。

张宗声：组织妇救会曾遭暗杀

说起妻子张宗声，武同峙骄傲地告诉笔者，身边年过九旬的她，抗战生涯比自己还早一年。

由于年事已高，张宗声已基本听不到声音，走路也需要人搀扶。但知道笔者来听他们抗战的故事，她表情严肃地坐在了武同峙旁边。

1922 年，张宗声出生在临沭县东张贺村。由于生活所迫，张宗声一家逃荒到了郯城县码头镇给地主兰家当长工、干零活。

“1939 年，八路军一一五师东进支队和八路军山东纵队陇海南进支队三大队民运工作团来到我们镇，就住在兰家地主的宅子里，我们帮部队做饭。互相认识后，民运工作团的团长动员我参加八路军。”就这样，张宗声参加了八路军山东纵队民运工作团并任团员，与其他同志一起到村里宣传抗日主张和统一战线政策，发动群众参加抗日救亡运动。

1940 年春，八路军一一五师东进支队和八路军山东纵队到滨海地区创建抗日根据地，张宗声随八路军山东纵队民运工作团参与了创建苍马县抗日根据地的工作。“日寇、伪军、土匪等一直针对我们，每天都有战斗。1940 年 7 月我就到了苍马县古贺区曹庄乡，在那里任妇救会会长。”听着自己的孩子大声地在耳边复述笔者的问题，张宗声慢慢地向笔者讲述了自己参加抗战的经过，但后来的很多事情她的记忆已不清晰。

“那个时候她还被暗杀过。”武同峙告诉笔者，结婚后，他听张宗声讲过她的经历，“那时候，有一天晚上，汉奸悄悄去了她家，想要暗杀她，因为她一直发动村中群众参加革命，发展和组织地方游击队。”

尽管两人来自同一个县，但先前并不认识。经组织介绍，抗战胜利两年后的 1947 年他们结为夫妇。

战争年代，他们是英勇无畏的战士；和平岁月，他们是携手同行六十多年的伴

对于武同峙张宗声而言，军礼最能表达他们对抗战胜利的感情

侣。抗战胜利的第七十个年头，武同峙和张宗声并肩站在一起，共同敬了一个军礼。一个军礼，代表了他们对抗战胜利无尽的感情和感慨。

（本文发表于2015年7月24日，选自《泰山晚报》）

抗战夫妻同报国

文/耀　峰

一个是敌占区的贫苦少年，在党的领导和培养下，逐步成为一名坚强的抗日战士；一个是旧社会幼年丧父的少女，在封建家族的压迫和战火肆虐中苦苦挣扎。在中国共产党领导的艰苦抗战中，他们相识、相恋，结为革命伴侣；中华人民共和国成立后，他们铭记党恩，以满怀的赤诚投入国家建设中，在各自的战线上屡立新功。

周建英与梁青的合影

一

1940年的春天，在日伪控制下的正定县诸福屯村，老杨家位于村边的旧宅子里住进来一个陌生人，据说是老杨媳妇的远房表妹，叫孙贵英，想在这里暂住讨生活。那年梁青十三岁，和老杨家的旧宅子比邻而居。因为父亲早逝，家境贫寒，梁青只勉强念了两年书，就被迫辍学回家，凭着机灵胆大，在村里当起了孩子王。那处旧宅子本是孩子们玩耍的乐园，忽然住进来个陌生人，让梁青多少有些不习惯，于是经常和小伙伴们在门口探头探脑，好奇地往里面瞧。对在门口晃荡的孩子们，孙贵英很是和气，经常招呼他们到院子里玩，让孩子们叫她孙姐姐。有一天，玩闹的孩子们散去之后，孙贵英把梁青叫到屋里，问他愿不愿意学唱歌。有人教唱歌，那当然是好事，梁青高兴地答应了。于是孙贵英开始教梁青唱歌，还让他教村里的其他孩子们唱歌。“全国动刀兵，一起来出征。城楼上站定两位大将军，威风凛凛是哪个？朱德毛泽东……”七十多年过去了，梁青仍然清楚地记得孙贵英当年教他的《出征歌》。

在孙贵英的引导下，梁青加入了儿童团，后来又参加了青年救国会，成为当地的一名地下交通员。1942 年秋，梁青接到任务，将一份情报送到藁城县（今石家庄市藁城区）的北小屯村。北小屯村距离诸福屯村只有十几里，路却不好走——两村之间有日军的炮楼和据点，长期驻扎一个班的兵力，还有伪军若干。递送情报的时间选在了晚上，那天深夜，梁青将情报藏在衣服的夹层里，带上手枪和仅有的四颗子弹与战友梁文山一起悄悄地出发了。小心翼翼地穿过日军的据点和炮楼后，两人稍稍放松了一下，准备继续赶路。就在此时，后面传来一阵声响，在寂静的黑夜异常清晰。两人仔细一听，仿佛是自行车行进的声音，其中还夹杂着拖沓的脚步声，根据声音判断至少有十多人。“是伪军！”梁青趴在地上紧握手枪，同时急速思考如何应对：等伪军过去了再赶路，那会耽误情报递送，后果难以预料；和伪军打上一仗，无论是人数还是装备，显然不是对手。焦灼中，梁青做出了一个大胆的决定。他和梁文山一起放开嗓子，粗声大气地吆喝：“干什么的！干什么的！”伪军一听，以为遇上八路军的部队，吓得魂飞魄散，连滚带爬钻进了庄稼地。见“空城计”惊走了敌人，梁青和梁文山一路急行直奔北小屯村，顺利完成了情报递送任务。

由于机智勇敢、表现突出，1943 年初，梁青光荣地加入了中国共产党，随后被调到正藁八区工作。而直到此时，孙贵英才向他讲明自己的真实身份：她并不是老杨家的什么亲戚，而是区里的妇女主任，来这里的目的是宣传党的政策、组织和发动群众参加抗日。

二

调到区里不久，梁青被任命为区青救会主任，所承担的工作也更艰苦、更危险。

1943 年夏天，梁青被安排去正定县城附近的丁家庄村宣传抗日思想、发展党员。当时日军还占领着正定县城，乡间分布着炮楼、据点。许多伪保长、伪村长在日伪军和八路军之间游移不定。去没有基础、人地生疏的村子开展工作，风险可想而知。梁青经再三考虑，决定从保长入手，利用其“两面性”打开局面。经过一番精心准备，梁青装作走亲戚的样子，带着抗日宣传材料来到丁保长家里。一见面梁青就表明身份，晓之以理，动之以情，讲解抗日救国的道理。保长被党的民族大义和梁青的大无畏精神所折服，不仅对外称梁青是自家的亲戚，还积极配合他的工作。此后，梁青时断时续地在保长家里住了几个月，在附近一带发展了十几名党员。后来保长的儿子也在梁青的引导下入党。

与上阵杀敌相比，做敌后工作少了慷慨壮烈，却多了难以预料的危险。差不多和梁青同时下村的一名同志，在去正定县朱河村开展工作时，就因告密而惨遭杀害。梁青也曾遇上过同样的危险。那是1943年秋天的傍晚，梁青等十几名区小队队员分两组潜入正定县西洋村，一组去伪村长家开展工作，梁青所在的二组在伪村长家后面的北街悄悄住下。见区小队忽然来了这么多人，伪村长笑脸相迎，表示坚决抗日、拥护八路军。不仅如此，伪村长还让出正房让大伙休息，自己去牲口棚过夜。次日凌晨，天还不亮，伪村长就领着几十名伪军包围了院子，一边放枪一边大声吆喝："中国人不打中国人！缴枪不杀！"所幸梁青所在的二组没有被敌人发觉，他们从后面冲出与敌人交火，掩护一组突围，边打边撤出了西洋村。在混战中，一位十几岁的小队员英勇牺牲，数人中弹负伤。

因为参加抗日工作，梁青家多次遭到敌人的报复和洗劫。为躲避敌人，梁青的母亲带着年幼的弟弟流落外地谋生。这非但没有让梁青屈服，反而激发了他英勇无畏的战斗精神。抗战期间，梁青把生死置之度外，深入农村争取伪组织、伪政权人员参加抗日，发展"堡垒户"，建立党组织，开辟抗日根据地，几乎走遍了正定县的所有村庄。而他随身携带的武器，就是一把手枪，几颗手榴弹。梁青说："那些武器不是用来打仗的，只是防身，实在不行了就留给自己。"

三

1945年秋天的一个下午，梁青和一名交通员外出执行任务，在返回途中遇上了边走边哭的母女俩。梁青见她们哭得十分伤心，就忍不住上前询问，由此结识了他一生的伴侣周建英。

周建英是藁城县北汪村人，早年丧父。母亲裹着小脚，既要照顾年幼的弟弟，还要带着周建英下地干活，日子的艰难可想而知。家里贫困难当，还经常有人欺负她们孤儿寡母，放在院子里的东西夜间就会被半偷半抢地拿走了。不仅如此，封建家族势力也压得周建英一家喘不过气来。父亲去世后，周建英家的日子雪上加霜，周氏家族不但不同情帮助他们，反而处处找她家的麻烦，一家人只能忍气吞声。日军占领了华北平原后，周建英家的日子就更苦了。一听说日本士兵来"扫荡"，母亲就背上粮食带着孩子们到野地里躲避，等日军走后再回家做口饭吃。1939年后，日军"扫荡"时骑兵逐渐增多，跑得稍慢一些就有可能性命不保。1940年的冬天，日本士兵又来"扫荡"，周建英一家来不及收拾东西仓皇外出。日本士兵"扫荡"过后，不仅家里的粮食全部被抢走，连塞到麦秸垛里的几件衣服也不见了。从冬天到春季，周建英一家只能靠借粮乞讨度日。

幸亏来了共产党八路军，让极度煎熬的周建英看到了希望。听党的政策，看

晚年的梁青

党的行动，周建英真切感受到只有依靠共产党才能脱离苦海。1942年，日军大“扫荡”过后，在极端艰苦的斗争环境下，十三岁的周建英主动向党组织靠拢，秘密参加抗日工作，缝军服、做军鞋、烙大饼等支援抗战。冀中军区号召人民群众挖地道，她不仅挖好了自家的地道，还不顾身单力薄，积极参加村村通地道的连接工作。每天晚上她悄悄出去，天蒙蒙亮再带着一身土、一身汗回来。周建英的异常行动，很快被母亲察觉，为了不让女儿到处乱跑，每到晚上她就把院门反锁。周建英就等到母亲睡熟了，将栅栏门上的树枝扒开，再从门缝里钻出去。周氏家族的人知道后，便以“管教不严、败坏周家门风”为由，给周建英的母亲施加压力。周建英不甘屈服，继续积极参加抗日活动。1945 年 6 月 2 日，在一个秘密地道里，十五岁的周建英在北汪村支部书记张小乱的主持下加入了共产党。入党仪式完成后，张小乱郑重地对周建英说：“入了党，就是党的人，工作只能更加积极。”由于表现突出，周建英随后被任命为北汪村妇女主任。

1945 年 9 月，周建英因表现优秀，被推荐去冀中第四区党委组织的积极分子培训班学习，培训地点距离北汪村有七十多里。由于条件艰苦，学员们需要一边培训一边参加生产劳动。刚刚参加了五天的培训，周建英的母亲就步行到学校，哭天抹泪地要把她带回去：“周家已经找上门了，你要是不回去，我在周家就没法过了。”周建英十分珍惜这个难得的学习机会，可又不忍心让母亲受气，只好哭着离开了学校。母女俩边走边哭，正好与执行任务的梁青相遇。听完周建英的哭诉，梁青也非常难过。他鼓励周建英说：“日子越是苦，越要跟定共产党！”

四

回到家里后，周建英和母亲哭了一宿。周建英给母亲讲形势、讲政策，流着眼泪说：“家里一天好日子都没有，这样下去咱们苦也得苦死，只有跟着共产党，才能有出路啊！”母亲哭着说：“你走吧，出了这个门，我就再也没有你这个闺女！”第二天一早，周建英含泪离开了家，继续参加培训学习。在此后的时间里，梁青和周建英互相关心、互相鼓励，两颗心越靠越近。

1946 年 3 月，周建英培训结束回到家里，被安排在村里教书。同年 10 月，蠡城县新兵团成立，梁青被任命为新兵团政治部主任。巧的是新兵团的驻地就在北汪村附近，梁青和周建英的接触更加频繁。县妇联主任王健看在眼里，给两人当起了月老。周建英的婚事遭到了周家的强烈反对：一是姑娘自己找婆家会被人耻笑，坏了周家的门风；二是梁青很穷，连自己的家都没有，他母亲还带着弟弟在距离北汪村不远的康庄村讨生活。周建英坚决不向封建家族势力低头，就长期住在学校不回家。1948 年 6 月，在组织的主持下，梁青、周建英举行了简单的婚礼。没有鲜花，没有嫁妆聘礼，没有烦琐的仪式，只有党组织证婚和一阵高亢的军号声。

中华人民共和国成立后，梁青、周建英夫妇都被安排在藁城县税务局工作。1951 年，组织号召干部南下，梁青、周建英夫妇积极报名，他们把大儿子交给奶奶、二儿子托付给姥姥，带着几个月大的三儿子去石家庄集训。“党让去哪儿就去哪儿！”

出发前夕，组织临时改调他们留在石家庄工作。在此后的几十年间，梁青、周建英夫妇先后在税务、商业、纺织厂等多个单位和部门担任领导职务，始终保持着对党的一片赤诚，从不向组织提要求，从不为自己和子女谋私利，展现了共产党人艰苦奋斗、清正廉洁的政治本色。梁青担任商业局局长时，十五岁的大儿子正在找工作，同事建议把他安排到商业局的下属商店，梁青婉言谢绝。他让大儿子去几十里外的张古镇学开拖拉机。二儿子返乡后就留在正定，自己单独支撑门户过日子。三儿子先是下乡锻炼，随后按照分配去化工厂当钳工。1972 年，梁青担任束鹿县（今辛集市）纺织厂党委副书记、厂长期间，小女儿被分配到纺织厂工作。梁青不仅不照顾，反而把女儿安排在最苦最累的细纱车间。潮湿闷热的环境让女儿患上了腰腿病。女儿哭着求父亲给她换个岗位，却被梁青拒绝：“正因为你是我的女儿，才要你到最艰苦的岗位上工作。细纱车间那么多人都受得了，我梁青的闺女就受不了？”

从税务、银行，再到组织部和县妇联，无论在哪个岗位，周建英都兢兢业业、勤奋工作，做到了干一行、爱一行、精一行。二十世纪七十年代，周建英在担任束鹿县妇联主任期间，组织妇女开展“一朵银花带一片，百朵银花带全县”科学植棉活动，建立了两千多个植棉小组，使全县棉花种植面积迅速增加到三十四万亩。从该县走出来的“全国植棉模范马计敏”受到中央领导的接见。她还以极大的热情创造性地开展了“发展庭院经济”“千名妇女争万元”“家庭教育基地”等系列活动，选树了“全国模范母亲王敬蕊”“全国三八红旗手乔子云”等先进典型，受到全国妇联、省妇联的肯定与赞扬。

1985 年 3 月，五十五岁的周建英组织带领一支十八人的队伍，参加了石家庄地区妇女儿童合法权益知识竞赛。不仅十八名参赛人员全部获奖，而且囊括了十一个一等奖。在同年举办的全国妇联首届妇女知识大奖赛中，周建英领队的束鹿县二十七名队员再次全部获奖。为此，束鹿县政府给周建英记大功一次。

几十年间，梁青、周建英夫妇的岗位、职务和住所屡次变迁，但有三样“传家宝”始终留在身边：一套钉鞋的家当，谁的鞋坏了，都能自己修好；一套木工工具，三个儿子都会做马扎、修理桌椅板凳；一部缝纫机，打补丁、做鞋垫，无论男女，人人都有一手。和他们伴随始终的还有一摞摞奖章、证书，那是他们几十年如一日对党赤诚、无私奉献的见证。墙上挂不下，桌子上摆不下，铺在地上，满眼的光辉，让人感动，更令人激越！

（本文发表于2015年7月27日，选自河北共产党员网）

抗战夫妻同获纪念章

文 / 张　丽　　杨　静

李树芝（丈夫），九十三岁，1942 年进入新四军浙东抗日纵队；李涛（妻子），九十二岁，1945 年进入吉林省民运工作队。

李树芝、李涛心语：我们能活到今天，亲眼看见祖国从当年的积贫积弱一步步走向强盛，内心无比欣慰，战友们当年的血没有白流。

德兴市银城镇银阳路御屏山 4 号，是一座清幽朴素的小院，九十三岁的李树芝和九十二岁的李涛就住在这里。

“从今以后，每年的抗战胜利纪念日就是我们夫妻俩的生日。”李涛蹒跚着从书房取出纪念章，转身轻声告诉笔者，“这些天来不由自主地想起好多为这个胜利日流过血、拼过命而今已离我们远去的战友们。9 月 3 日是他们的纪念日，我们两口子商量着，我们今后就把纪念日当作自己的生日。”两位白发老人的手握在一起，手心里，两枚并排的“中国人民抗日战争胜利 70 周年”纪念章熠熠发光。

1938 年，日本占领武汉，年仅十五岁的李树芝怀着一颗救国心，投身抗战洪流中，成为国民党部队的一名士兵。1941 年，他在长沙会战中被日军俘虏，被送往汉口做了三个月苦工。在俘虏营被编入伪税警团，派往浙东看守盐场。

在盐场，他遇上了两名被俘的新四军战士。“堂堂中国人，怎能被日本所奴役？”在他们的影响下，1942 年 12 月，李树芝和其他几个班长商议秘密组织反正，参加新四军抗日打日军。“大家都憋着一口气，只用了一个晚上，百号人就达成了共识，最后杀了顽固的连长和排长，一百多号人带着一百多支枪和其他装备，投奔了新四军。”加入新四军后，李树芝被编入浙东抗日纵队并任中队长，在四明山、会稽山一带开展游击战。他们以大山为掩护，在当地百姓的配合下，专攻敌人弱点，打得日本人胆战心惊。

“记得有一次快过年的时候，日军进村抢粮、抢东西，老百姓来报信求救，我们急行军三十多里，埋伏在鬼子回去的路上。半个多小时后，鬼子来了。我一声令下，战士们就从鬼子的前后左右跳出来，鬼子没有准备，全部被我们消灭了。我们把鬼子抢的东西还给了村民，让他们过了一个踏实年。”说起在浙江抗战的经历，李树芝很激动。

由于武器装备差，敌人实施封锁和围攻，战士们的生活条件非常艰苦，住的是树枝搭的窝棚，吃的是野菜，有时十多天吃不上粮食，可战士们依旧保持着革命乐观主义精神，常常唱歌给自己打气。“千百次抗争，风雪饥寒；千万里转战，穷山野营。为了社会幸福，为了民族生存，坚持我们的斗争！”“把日寇驱逐于国土之东，向着新社会前进前进，我们是抗日者的先锋！”说着说着，老人情不自禁地唱了起来。

李树芝所在的部队后来并入华东野战军。1946年，他在一次战斗中身负重伤，后随南下大军来到江西。在这里，他遇上了妻子李涛。比他小一岁的李涛是吉林怀德人，进入抗战队伍缘于一次巧合。“一名八路军女战士教百姓们唱歌，可她不识谱，就问有谁识谱，我站了出来，从此走上抗战的道路。”在政治干部学校学习后，李涛辗转于各个民运工作团。她曾经扮演角色，演唱抗战戏曲；曾经动员群众，加入抗战队伍；曾经和战友们一起，为部队筹粮筹款。

李树芝和李涛成家后，辗转赣州、上饶等地，最后把家安在了德兴。

“我们能活到今天，目睹祖国从当年的积贫积弱一步步走向强盛，内心无比欣慰，感到战友们当年的血没有白流。”李树芝说，“我们要把纪念章作为传家宝，一代代传下去，让子孙牢记那段历史。”

（本文发表于2015年9月12日，选自《江西日报》）

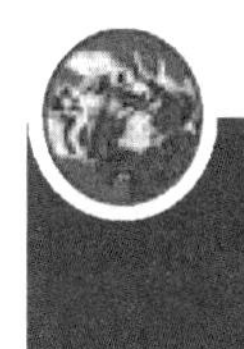

革命伉俪的抗日传奇

文 / 仝志华

作为抗战老区，抗日战争时期，菏泽市曾涌现出许多可歌可泣的抗日英雄故事，李连德与王四菊夫妇就是一对模范抗战夫妻。

机智勇敢保卫首长

李连德于1922年3月28日出生在安徽省庐江县盛桥区高老村。1938年3月，年仅十六岁的李连德加入新四军第四支队。

李连德从幼年开始习武，练得一身好武艺。参加新四军后，部队领导见李连德不仅武艺高强、机智勇敢，而且政治觉悟非常高，于是在1941年4月将他调入新四军军部，担任副军长兼政委项英的警卫员。皖南事变后，因叛徒出卖，项英遇害牺牲，军长叶挺被关押。李连德随后被提拔为新任新四军军长陈毅的警卫排排长，第二年8月加入共产党。在随后三年多的时间里，李连德一直跟随在陈毅身边，时时刻刻保卫着他的安全，挫败日军对首长的一次次暗杀。

一次，日军偷袭军部，被细心的李连德察觉，他和战友们马上和偷袭的日军展开殊死搏斗。经过一番惨烈厮杀，敌军的斩首计划被破灭。

喜结边理同抗日

1942年，为了抗日救国，王四菊初中尚未毕业，便毅然报名参加了八路军。

因为是女孩，王四菊被分到部队卫生队担任卫生员。部队打到哪里，她就跟到哪里。每次从战场上抬下来的伤员，王四菊和队友们都及时进行包扎、救护。一次战役中，战斗打得十分惨烈，许多战士受伤，甚至牺牲。正在救治伤员的王四菊听从前线抬回来的伤员说，有许多受伤的战士由于没有足够的搬运人员，还躺在战壕里。王四菊当即对战友赵巧梅说：“我们去前线抬伤员吧！”于是两个年轻的小姑娘冒着生命危险去前线救治伤员。来到前线，两人看到一名伤员已经昏迷，王四菊赶紧把他背了起来，让赵巧梅在后面扶着，迅速往后方撤退。跑了几米王四菊瘦小的

李连德夫妇与儿子的合影

身躯就支撑不住了，被压倒在地。这时赵巧梅又冲了上来，背起伤员……就这样，两人不知换了多少次班，才把伤员背到了后方。由于表现突出，王四菊很快被任命为卫生队队长。

1945年，经部队首长杨晓春介绍，李连德与王四菊喜结连理，成为令人羡慕的军旅夫妻。

浴血奋战受嘉奖

南方多水，一次日军“扫荡”，李连德所在部队刚刚逃脱了敌人的包围，来到一个村庄休息。傍晚时分，部队又被日军的巡逻汽艇发现，只能紧急撤退。没想到日军像狗皮膏药一样紧紧缠着不放。部队边打边撤，不多时李连德与另外两名战士便被日军盯上，李连德急中生智，领着两名战士跑到藕塘边，一个猛子扎了下去，敌人的汽艇找了好久，没有看到人影，就往荷塘里胡乱开了几枪撤退了。原来，李连德和战友跳到荷塘后，用泥巴把头、脸糊上，仰面朝天躺在水里，只留鼻孔呼吸，在开满荷叶的池塘里，日军很难找到他们。日军撤走后，李连德与战友偷偷跟在后面，摸清了敌军的落脚点和军事部署情况后，带领队伍打了日军一场伏击战，消灭了好几名日本士兵，缴获了好几支枪。后来，机智勇敢的李连德受到嘉奖。

1947年，在大别山一次战役中，李连德的门牙被敌人的弹片炸崩，肋骨也被炸断了一根。他忍着疼痛，坚持作战，最终取得战斗的胜利。战役结束后，李连德荣立三等功。1950年10月，抗美援朝战争爆发，李连德作为志愿军第三分部辎重三营十一连连长，跟随部队跨过鸭绿江，奔赴了朝鲜战场。

1956年8月，李连德和王四菊夫妇从泰安军政干校转业到定陶县（今菏泽市定陶区）工作。

（本文发表于2015年8月19日，选自《菏泽日报》）

革命伉俪：一文一武共硝烟

口述 / 赵贺勋　张生荣　整理 / 凌　晴

一个是狼牙山下的文艺骨干、剧团女主角，一个是经历过鼎鼎有名的强渡大渡河、平型关大捷的老战士。原本只是抗战路上擦肩而过的短暂缘分，一同吃了三天饭、没说一句话就要各奔东西，但机缘巧合，唱军歌的她与吹军号的他，自此相依相伴六十九年。

在省军区东湖干休所，赵贺勋、张生荣老两口安享着晚年的幸福生活

2015 年 6 月 26 日，在湖南省军区东湖离职老干部休养所的家中，九十二岁的赵贺勋和九十六岁的张生荣，向笔者讲述了抗战时期的种种过往。打日军、搞生产，还有这段红色婚姻，都是老夫妻记忆中最不可磨灭的存在。

“我家住在狼牙山下”

在抗日战争中，狼牙山抗日根据地一直发挥着极其重要的作用。它既是晋察冀根据地的东大门，又是八路军对日作战的基地和大后方，同时也是打击日军的前哨阵地。

“1923 年 6 月，我出生在河北保定易县的南杜岗村。你看华北地区的地图就知道，河北易县就挨着北京市的西南边，属太行山脉。站在我家门口，就能望到十多公里外的狼牙山主峰——棋盘陀。‘狼牙山五壮士’的故事，就发生在这里。”

1937 年 7 月 7 日，卢沟桥事变爆发。同年 9 月 24 日，河北保定城陷落。1938 年，为最终控制华北农村，日军发动了猛烈攻势。

“我是中农出身，小时候家里有六亩地，家庭条件还可以。日本人一来，抢掠、强奸、屠杀，无恶不作。那时，我年纪还小，成天躲啊、跑啊，一听见喊‘鬼子来了’，就跟着乡亲们往山里钻。我家的房子也被日本人烧了，烧得一干二净！因此，哪怕到了后来，战争结束了，日子好过了，我很长时间都不愿意用带‘洋’字的词语：洋火、洋布、洋烟、洋酒……为什么？‘洋’字代表着屈辱、仇恨呐！”

五壮士的悲情一跳

“1939 年，轰轰烈烈的百团大战打响了。为了支援战士们打鬼子，我们积极筹粮筹款，保障部队供给。说起当时老百姓对前线的支持，那就和歌曲《在太行山上》唱的一样：‘母亲叫儿打东洋，妻子送郎上战场。’没上战场，咱们妇女同志就替战士们做军鞋、缝军衣。他们在冀中平原打仗，都穿软底鞋；到了咱们太行山区，要是再穿软底鞋，那脚底就要磨出泡，所以得穿硬底鞋。我们专门缝制的硬底‘实纳帮子’，最结实不过。”

百团大战节节胜利，这让日军恼羞成怒，因此，他们想尽一切办法企图摧毁八路军的指挥机关。

1941 年，日军调集重兵向易县进军，意图包围杨成武司令员指挥的晋察冀军区一分区。9 月 25 日，晋察冀军区一分区一团七连六班的五名战士为掩护主力部队转移，将一支五百多人的日伪军引上了狼牙山的悬崖绝路，最后五人英勇跳崖。五人中，马宝玉、胡德林、胡福才为国捐躯，葛振林、宋学义因被悬崖上的树枝挂住而获救。

“这在当时可是大事！身边的姐妹们没有不知道的，对日本人恨得咬牙切齿啊！我哭了，远远望着高高的狼牙山，心里好难受。”

成为女主角，演一场哭一片

在 1942 年 5 月召开的延安文艺座谈会上，毛泽东发表了重要讲话，他提到：“广大文艺工作者纷纷走向农村、工厂、前线，创作了大批群众喜闻乐见的文艺作品。”新编歌剧、戏剧《血泪仇》《白毛女》，歌曲《黄河大合唱》，小说《小二黑结婚》就诞生在这个背景下，成为教育群众、宣传抗战和发展生产的有力武器。

“1940 年 11 月到 1942 年 4 月，我在易县九区抗联宣传队从事宣传演出工作，感受到了人民群众高涨的革命热情。那时，我是我们剧团的女主角，演过《血泪仇》《穷人大翻身》《小过年》……在《血泪仇》里，我演王东才的老婆，她被反动派强奸迫害，最后被逼死，惨得很！排戏并不容易。我没有文化，拿到发下来的剧本，要一个字一个字地背，一句台词都错不得。一上台，我立马就入了戏，尤其每次演到王东才的老婆被奸污而自尽的场面时，我的眼泪一下就流下来了。我一

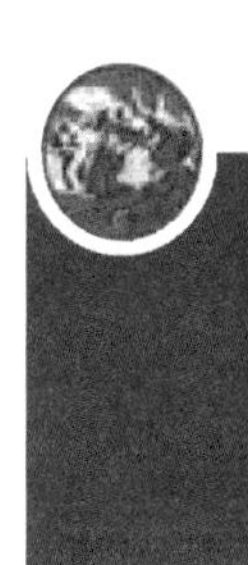

哭，乡亲们就在台下跟着哭成一片！几乎场场都听得到观众的哭声。”

“不与民争食”是铁的纪律

1942年，由于日军的封锁和“扫荡”，晋察冀边区进入了最困难的时期。当时的司令员聂荣臻签发过一条“树叶训令”，内容是禁止部队采摘村庄附近十五里范围内的树叶——“宁可饿着肚子，也不与民争食”。

“从1941年春天开始，日军‘扫荡’的规模一次比一次扩大，一次比一次野蛮、毒辣。惨无人道的‘三光’政策，就冲着我们华北地区来的。更为雪上加霜的是，1942年春天又发生了大旱。”

当时，驻扎在易县的一分区部队给养非常困难，有的战士饿得全身性水肿了。一些小战士实在是太饿，私下总结出一个办法，盛粥时第一碗不能盛太满，先少盛点儿，这样，赶紧吃完了还能再添上一碗。

老百姓家里的粮食被日军洗劫一空，这时树叶和野菜就成了主要的口粮。“一树榆钱半月粮”，在青黄不接的阳春三月，一棵树上的榆钱能顶上半个月的粮食，供一家老小度过饥荒。

“就在苦熬饥荒的时候，我们突然发现，每天一起摘树叶、挖野菜的战士们不见了。原来，他们的上头下了一条训令，禁止部队在村子周围和老百姓争口粮。战士们没有不遵守的，纪律观念非常强。老百姓很感动啊！所以你看，咱们的军民关系之所以这么融洽，是有原因的。”

“开国上将杨成武的爱人为我们张罗婚礼”

1942年4月起，赵贺勋成了易县南杜岗村的村妇女委员会主任、缝补队队长。1946年，她与张生荣结婚。之后，赵贺勋一路跟随张生荣，先后在察哈尔军区、四野补训师、湖南军区等地工作。

“认识我家老头子，是在1946年。由于易县是晋察冀一分区所在地，来来往往的部队很多，老百姓纷纷腾出地儿给战士们吃、住。人多铺少，怎么办呢？当时，部队里不管是当官的还是当兵的，都一视同仁，一律睡门板，不准占用老百姓的床。张生荣被安排在我家，吃了三天饭。他人忒老实，不爱说话，三天里我俩一句话都没说上。几天后，我家突然来了个通信主任，还带了几个兵，这阵仗把我给吓了一跳。原来，这个主任是来说媒的。他告诉我，张生荣二十七岁，虽然年纪不算大，但已经是个‘老红军’了，走过二万五千里长征，参加过很多险恶的战斗。我本来还没打算结婚的，可一听张生荣这么优秀，我当家的嫂子也对他很是满意。经过他们里里外外做工作，我认真考虑之后，最终同意了。在杨成武的爱人赵志珍的张罗下，部队为我们特批了六角钱，这相当于张生荣一个月的军饷。张罗几桌饭菜请大

夫妻俩与幼时的大儿子张建武的合影

家吃了一顿，这就表示我们正式结婚了。之后的十几年里，我先后孕育了十来个小生命。可惜的是，因为条件恶劣，他们中的大部分都没有活下来。从解放战争起，我一路跟随他，先后在察哈尔军区、四野补训师、湖南军区等地工作……”

就这样，原本只在一块儿吃了三天饭，结果却在一口锅里吃了六十九年。

“戏，从那时起我就没有演过了，快板倒是还能来一段：‘太行山高又高，十万大军在山腰，神出鬼没战术好，我们的大军在山腰！’”

为大渡河勇士吹响冲锋号

作为一名司号员，号角是张生荣的武器。司号员是中国人民军队曾经独有的一个兵种，其主要职责是吹军号。“司号员鼓鼓嘴，千军万马跑断腿”，这句当年流传在军营中的顺口溜，形象地说明了司号兵的重要地位。

“我父亲 1927 年参加了地下党，是村苏维埃主席。当时村里成立了赤卫队、少先队和儿童团，我九岁就参加了儿童团，当过班长和排长，背上自己做的小木枪，在村子周围的路口站岗放哨、查路条。十二岁，我报名参军，母亲心疼我年幼体弱不同意，等到我第三次报名时，她才哭着答应了。1931 年 10 月，我如愿以偿加入了中央红军（后改称‘红一方面军’），在独立第三师第八团当团长的勤务兵。1934 年 8 月的一天，首长跟我们说，部队要出发，要打到白区去。我们当时并不知道，长征在此时便已开始了。那一年我十五岁，已经是一名司号员了。在战斗中，司号员是指挥官的左右手。所有号令加起来有上百种，不同部队的号令都有它独特的密码。通常，‘嘀嗒嗒嘀嘀嘀，嘀嗒嗒嘀嘀嘀’，这是冲锋号；‘嗒哩嗒嗒嗒嗒嗒哩，嗒哩嗒嗒嗒嗒嗒’，这是前进号；还有起床号、休息号、吃饭号、疏散号、紧急集合号……当年红军强渡大渡河，就是我们吹响的冲锋号。”

1935 年 5 月，蒋介石欲凭借天险大渡河歼灭红军于大渡河南岸。红军必须以最快的速度占领北岸渡口。5 月 25 日，占领了安顺场的红军先遣队红一师红一团，组织十七名勇士强渡大渡河。

“那河水好急，对岸又有敌人碉堡封锁渡口，当时我们只找到了一艘小船，勇

士们得分两批过河。在我们吹响冲锋号的一刹那，岸上轻、重武器同时开火，以作掩护。政委肖华就站在南岸河边，领着我们吹冲锋号。在嘹亮的军号声中，勇士们迎着川军的枪弹炮火，冒死向北岸突击，最后强渡成功。”

平型关阻击战，军号用处大

1937 年，国共两党第二次合作。同年 8 月，张生荣所在的红一师改编为国民革命军第八路军一一五师独立团，他担任独立团团部司号长。开国上将杨成武时任独立团团长。在平型关战役中，一一五师独立团阻击了敌人援军三天三夜，歼敌三百余人，为兄弟部队歼灭平型关日军争取了宝贵时间。

“1937 年 7 月，我们从陕西的遵宁县出发，东渡黄河，乘火车北上奔赴抗日前线。到达太原郊区车站时，成群结队的工人、学生见到我们，边高呼着‘打鬼子的队伍来了’，边用箩筐挑来花生、红枣、煮熟的鸡蛋，一个劲儿地往车厢里倒，战士们接不过来，车厢过道里到处都是他们扔进来的礼物。火车开动时，团长杨成武命令我吹响前进号，战士们唱起前进歌曲，奔赴前线。

“1937 年 9 月 23 日清晨，杨成武率领我们兵分三路，向腰站急行军。我们到达时，日军已先占领了山上马鞍形的隘口驿马岭。杨成武果断下令突袭，战士们猛打猛冲，一下将敌人击溃，击毙敌人几十名、战马数匹，还缴获了一面日本国旗。

“下午 4 时，敌军增援部队前来，敌我双方对峙在白羊壁、安京一线上。经侦察得知，敌人有一个中队的兵力，杨成武团长先是派一个营去阻击，与敌交火后才知道，敌人一个中队比八路军一个团的兵力还要多。杨成武团长等领导研究后，命令我吹起冲锋号。我鼓足了全身的力气，在枪林弹雨中，把冲锋旋律吹了无数遍。指战员们在号声的鼓舞下，战斗气势高涨。各连队的司号员听到我的号音后，也一齐吹响了冲锋号。随即其他两个营也跟着冲了上来。冲锋号声把敌人搞得云里雾里，以为我们是大部队，相持之下，根本不能前进半步。

“次日，我团趁着晨雾，又在冯家沟打了一个漂亮的埋伏战，拖住了一支想向平型关增援的日军运输部队。当平型关大捷战报传来后，我团的阻击任务完成了，准备按上级命令撤出战斗。在撤退之前，杨成武团长指示我们，继续向山上的敌人发起佯攻，蒙蔽敌人，命令我再次吹响冲锋号。敌人听到号音，机枪、迫击炮一齐向我们打来。在十几分钟冲锋号声的掩护下，我们的部队都已撤出了战斗，敌人的炮火还在那里响个不停，完完全全是放空炮。”

为白求恩葬礼吹奏哀乐

1939 年 9 月，张生荣来到晋察冀军区一分区，担任司令部司号长兼司号连长。在这里，他见到了把中国人民的抗日事业当作己任的白求恩大夫。

1938 年，白求恩大夫来到晋察冀一分区，帮助部队提高医疗水平。

“我记得，在司令部为他准备的欢迎会上，他首先扮作老人，衰弱得腰都直不起来，随即又把背挺直了，精神抖擞地对大家说：‘我才四十几岁，是个正当年的外国人。’他的乐观与幽默逗乐了在场的每一个人。”

在晋察冀地区，白求恩大夫工作了一年多。他的医疗技术高超，战士们都说有了白求恩大夫，打日军负了伤也不怕。

可惜的是，1939 年 11 月 12 日，白求恩大夫在医治伤员时因手术感染败血症，在河北唐县去世。这时，日军因在黄土岭惨败，更加疯狂地对边区进行“扫荡”。尽管这样，聂荣臻司令员仍决定为白求恩大夫举行殡殓典礼。

“17 日，上级命令我带着一分区司令部司号连的全体司号员参加葬礼。我们怀着万分悲痛的心情吹响号角，此时的号角不再嘹亮高亢，表达了无限的哀思。”

宁可不当官，也要痛痛快快杀日军

为了给华北战场的八路军培训军政干部，1938 年 12 月，党中央、中央军委决定，组建抗日军政大学第二分校。此后的四年多里，这里先后培养出了武工队长、游击队长、县大队长和八路军师团一级的干部共两万多人。张生荣就是其中之一。

“1942 年 6 月，作为晋察冀军区司令部司号长，我被派往晋察冀抗大二分校学习了一年的军事。次年 4 月，组织上准备安排我去晋察冀一分区政治部任指导员，与我谈话时，我表示想上战场去打仗、杀鬼子。

“可当时因为种种原因，要打仗就只能被安排当副排长。但我想得开，副排长就副排长，我不图官，不图名，当了那么多年号兵，还是想跟敌人真刀真枪干一场。于是，我成了晋察冀一分区二十团三连一排的副排长。”

“他这辈子做了不少的傻事，不当指导员去当副排长，后来又放着警备股长不当，去当通信副股长，等到中华人民共和国成立后他任浏阳兵役局长时，还只是个团级，比起跟他一起参加革命的老红军，落后了一截。”老伴赵贺勋虽然说着老头子傻，但张生荣一生获战功无数，三级八一勋章、三级独立自由勋章、解放勋章、二级红星功勋荣誉章……也许在她眼中，“傻”丈夫自是真英雄。

笔者手记

英雄老矣，美人迟暮。两位老人的身体状况一度让我以为采访无法再进行下去。九十六岁的张生荣听力已经很差，你在他耳边大声提问，他依然表情茫然；赵贺勋眼睛不好，半米开外，只能看到模糊的人影。

但请允许我用“神奇”二字来形容此后的发现——张生荣老人虽然耳背，但视力极好，A4 纸上的五号字，他竟字字可辨，用文字提问，他便能领会，还将资料中

有关妻子的内容念给她听；赵贺勋眼神不好，但听力极为聪敏，老伴儿听不清的问题，她可以字字句句清楚地代他回答……

突然被这幕场景感动，它将我从血肉模糊、硝烟四起的残酷战争中剥离。正如当年她军歌嘹亮、他号角铿锵，硬朗的风骨、红色的情怀背后，英雄长出了血肉，铁血也充满柔情——而如今这样的生活，也许正是当年舍生取义的革命者们的初衷和归宿。

（本文发表于 2015 年 7 月 21 日，选自《今日女报》）

伉俪情深七十载
新四军老战士夫妻度过白金婚

文 / 黄建栋

朱志豫、童怡刚二老合影

2015 年是抗战胜利 70 周年，海门市老干部局倡议大家用相机记录那些让人敬佩的抗战老同志。在征集到的照片中，有一对已经结婚七十四年的新四军老战士的结婚照格外引人注目。

童怡刚是南通军分区离休干部，今年九十四岁高龄。夫人朱志豫九十二岁，是南通市委组织部离休干部。两人都是抗战初期参加革命的新四军老战士。

童怡刚祖籍崇明，与海门一江之隔，口音风俗与海门相近，童老上小学时参加了童子军；青年时期投身抗日前线，参加新四军，在苏北、安徽、山东等地区浴血奋战；打败日军之后他又加入解放军。1947 年 5 月，新四军军部、山东军区、华中军区、山东省政府、苏皖边区政府决定，成立华东荣军总校，他在该校政治部宣传科任职。中华人民共和国成立后，他曾在南京军区做政治工作。童老八十七岁高龄时还经常打网球健身，身手矫健，前年南京军区在离休干部中开展“健康长寿之星”评选活动，他获此殊荣。

二老一起画国画

朱志豫和童怡刚年轻时的合影

朱志豫十五岁就参加了上海的地下组织，她的哥哥在1937年的淞沪保卫战中牺牲。后来，她又转移到南通地区领导学生抗日工作，在学校里教书，做学生们的思想工作，以宣传抗日思想。

在这期间，童老在苏北，他们夫妻共同参加了解放战争，斗争异常艰苦。童老、朱老都参加过皮旅（皮定均部队），伍佑保卫战、盐城保卫战，每个战役都打得异常艰苦。两人在战火中相遇相知，结成了革命伴侣。朱老离休后参加了南通市老年大学国画学习班，从高级班到研究班，绘画水平提高得很快，她的作品多次在南通、南京展出，《南通日报》还刊登过朱老画的雄鸡。

看着这些老照片，让人不禁回忆起那些激情燃烧的岁月。现在这对革命夫妻度过了白金婚，在南通老年公寓安度幸福晚年。

（本文发表于2015年5月25日，选自新华网江苏频道）

并肩杀敌伉俪情深　四世同堂其乐融融
——慰问抗战老兵袁银英

文 / 舟山市文明办

“谢谢这么多人还记得我，来看我。”面对寻访慰问组一行人递上的鲜花、水果和礼品，今年九十岁的抗战老兵袁银英连说大家不应带礼物来。

由《舟山日报》、市慈善总会、市社会组织管理局和市新四军历史研究会组成的慰问组同志依次向老人问好。袁银英一边招呼大伙儿就座，一边说：“我腿脚不好，在床上接待你们，真是不好意思。”看到这么多人来访，老人显得很激动。

“阿太！”一个脆生生的声音飘进门来，李爱芳抱了一个约莫四岁的女童走了进来。袁银英说：“这是我的曾孙女，现在和我们住在一起，我们这可是四世同堂呢！”

袁银英老人慈爱地摸着孩子的头，嘴角扬了起来。满屋子的人都感叹老人好福气。

袁银英老人的房子大概有六十平方米，收拾得非常干净。她房间床头边的衣柜上面摆了几张全家福，还有一张黑白照片被放大了挂在墙上。“这是我爸妈的结婚照，我爸爸已经去世十九年了。”李爱芳告诉大家。袁银英老人拄着拐杖，慢慢下了床，走到客厅招呼笔者坐下。指着墙上的一张照片，老人向大家介绍：“这是我老头子。这是他得了省劳动模范后戴着奖章照的。”

说起两人的爱情故事，老人有点伤感。“我们家老头子 1944 年在四明山打鬼子的时候，被炸断了一条胳膊。1947 年在孟良崮战役中，我在医院与他相识。当时，我看着躺在病床上的他，我觉得这个人这辈子一定得有个人好好照顾他，才能活得长久。”在战火纷飞的年代，两个有着同样革命理想的人最终共结连理，随后勇赴前线、并肩杀敌，谱写了一曲曲感人肺腑的壮歌。

老人和小女儿李爱芳住在同幢楼房的同一层。日常的生活起居由小女儿一手包办。为了照顾年迈的袁银英起夜，女儿搬了一张小床和她睡在同一屋里。因为行走不便，袁银英老人每天大多数时间都待在家里。她早上五点半起床，吸一会儿氧气，就去阳台晒晒太阳，种种花草。海棠花、金枝玉叶、栀子花……老人打理植物很有一套，小小的阳台绿意盎然，令人赏心悦目。到了晚上，袁老会准时打开电视机，收看《新闻联播》。“最近国内外发生了什么事，你去问我妈，她都知道。她常常教育我们，国家大事一定要关心。”李爱芳笑着说。

（本文发表于2015年9月10日，选自浙江文明网）

抗战老兵五十九年伉俪情深

文/陈　荣　周雯文

2015年9月3日，在纪念中国人民抗日战争暨世界反法西斯战争胜利70周年大会举行时，游仙区有一对九十多岁的老夫妻汪贵华和黄明秀，手拉手一起坐在电视机前观看着大阅兵恢宏的场景。这一天，作为一名抗战老兵，汪贵华领到了一枚象征光荣和荣誉的庆祝抗战胜利70周年纪念章，他激动不已。

两位老人的手紧紧握在一起，分享着这份感动。汪贵华经历了抗日战争、解放战争、抗美援朝三场战火的洗礼，九死一生地走到了今天；黄明秀则饱受疾病的折磨，患帕金森综合征已有十多年，也可谓历经磨难。然而夫妻俩不弃不离，患难与共，一起走过了五十九年的风雨人生，为我们书写了令人动容的伉俪情深。

三十三岁迎来迟到的爱情

汪贵华家住魏城镇东街，自幼父母双亡，由舅舅抚养，十二岁就开始给地主放牛。十八岁时他被抓壮丁，成了国民党七十一军八十七师二五九团的一名士兵，从此开始了他长达十五年的戎马生涯，经历了三场战争。

1942年汪贵华被编入中国远征军，赴缅甸、印度与日军作战。在缅甸战斗期间负伤，回国疗伤半年，伤愈后又立刻重返战场。完成远征回国时，汪贵华所在的通信排只剩几人，战况可谓空前惨烈。后来，汪贵华所在部队在贵州、广西继续打击日军，直到抗战胜利。令其终生难忘的是，他随部队在武汉、南京接受了日军投降，成了当年日本无条件投降的一个历史见证者。

抗战老兵汪贵华与妻子

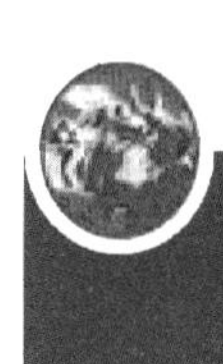

命运的转折点来到了，1948 年在黑山阻击战中被俘后，汪贵华参加了中国人民解放军，在中国人民解放军四十七军补充团三连任副班长，参加了东北解放战役，曾几获嘉奖。1951 年 2 月，他光荣地加入了中国共产党。同年 4 月，他随志愿军四十七军入朝作战，战斗中被炸弹炸伤头部，先后荣立两次三等功。

1955 年，汪贵华结束军旅生涯，复员回到家乡魏城镇脱绒厂工作。这一年，三十三岁的汪贵华迎来了他迟到的爱情，经人介绍，他认识了比自己小三岁的黄明秀。这个在战场上经历过腥风血雨的老战士，在生活中却是一个温柔体贴的男人。黄明秀感到他是一个可以托付终身的人，1956 年两人步入了婚姻的殿堂。对于汪贵华来说，这份迟来的爱情就像一份生命赐予的礼物，他格外珍惜。

放弃稳定工作照料妻子

结婚后，汪贵华和黄明秀感情和睦，从未吵过架。汪贵华在厂里工作，黄明秀在家务农，料理家务。一个主外，一个主内，日子虽然清贫，但也很幸福。夫妻俩常常帮助别人，那时他们住在魏城东街口，路过的人经常寄放些东西在他们家里，汪贵华就会烧水给乡亲们喝，就算是不认识的人，他也热情招待。遇到有孤寡老人经过，黄明秀还会主动喊到家里吃饭。

1958 年，他们的女儿出生，1964 年又再生一个女儿。那时重男轻女思想严重，但汪贵华对妻子黄明秀没有一点责怪的意思，反而宽慰妻子，自己则沉浸在老来得女的喜悦中。

大女儿汪华玉回忆，母亲向来体弱多病，父亲一直没有怨言地照顾她，体贴她，是个不折不扣的好丈夫。父亲为了补贴家用，常常加班挣钱。“有时候父亲加班回来已经很晚了，但不论多晚，母亲都要起来给他煮饭，生怕把他饿着了。”

1958 年，黄明秀得了一场重病，生命垂危。汪贵华为了照顾妻子，放弃了魏城镇脱绒厂的工作，回家当了农民，整天守在妻子身边一心一意地照顾。小女儿汪华蓉说：“当时全靠父亲的悉心照料，不然母亲都保不住这条命。”

五十九年携手走过患难与共

2003 年，黄明秀患上了帕金森综合征，严重到连自己的女儿都不认识，唯独认得自己的丈夫。多年来，汪贵华对妻子不离不弃，去哪儿都把她带着，寸步不离。小女儿汪华蓉说：“父母几十年恩恩爱爱，可谓相依为命！”2008 年，黄明秀摔倒导致股骨骨折。汪贵华也逐渐年迈，两位老人的生活都完全无法自理，全靠两个女儿照料。

如今，两位老人已常年卧床不起。尽管如此，夫妻俩依旧用自己的方式关爱着对方。黄明秀时时刻刻都把丈夫的手牵得紧紧的，觉得只有这样心里才踏实。多年来丈夫对她的好，让她对丈夫产生了深深的依赖，认定这是她唯一能托付的人。

“吃饭的时候，母亲每次都要看到我父亲在吃了她才吃，从不自己单独吃，还叫我们给父亲添饭。”汪贵华对黄明秀也一如既往地恩爱有加，有什么好吃的都藏着拿给妻子吃，就像孩子们过家家一样充满“童趣”。

现在，两位老人都已经很少开口说话了，更无法带对方去看外面精彩的世界了。但在两位老人的眼中，对方就是全世界。五十九年患难与共，携手走过，虽人近晚景，但仍彼此用真情温暖对方。

（本文发表于2015年9月11日，选自《绵阳日报》）

一对革命夫妻的南下经历

文 / 王凤鸣

在鄄城县档案馆名人档案室，有一对革命夫妻的案卷。丈夫叫仪忠惠，1950 年不幸在新区执行任务中牺牲。妻子叫王巧云，先后在贵州省桐梓县妇联、遵义市妇联工作。

仪忠惠，1927 年生，鄄城县大埝乡西仪楼村人，南下前任鄄城县十区政委（区委书记）。王巧云，1933 年生，鄄城县李进士堂镇堌堆寺人，南下前任鄄城县十区妇联主任。1949 年 2 月，冀鲁豫区党委指示，全体干部一分为二，留一半坚持工作，另一半随军南下，开辟新区。仪忠惠和王巧云积极响应上级号召，毅然加入了南下的队伍，并在临行前结婚。

冀鲁豫区的三千九百六十名干部组成南下支队。1949 年 3 月 1 日，南下支队全体干部在菏泽城南晁八寨一带农村集训，历时一个月。集训时地委编为大队，县委编为中队，区委编为班，这是为新区配备的一套领导班子。鄄城县的一百三十名南下干部被编为冀鲁豫区南下支队二大队二中队，仪忠惠在二中队任班长。

冀鲁豫区南下支队编入军队序列，对外番号是“中国人民解放军第二野战军第五兵团南下支队”，随第二野战军南下。集训结束时，由于战争形势紧张，敌人飞机不断轰炸，上级考虑女同志随大部队行军有困难，妇女干部就暂时留下来，王巧云回原单位继续工作，听候命令。

1949 年 3 月 31 日，仪忠惠与南下支队的全体干部踏上了南下的征途。他们风餐露宿，日夜兼程，途经商丘、徐州、蚌埠、合肥，4 月 16 日到达桐城，在此进行短期休整。4 月 21 日我军发起了渡江战役，过江后第二野战军第三、第四、第五兵团分数路向赣东北地区进军。每解放一个地方，就有南下干部负责接管当地政权。5 月 4 日至 18 日，冀鲁豫南下支队接管了整个赣东北地区，二大队二中队接管铅山县，李明远任县委书记，仪忠惠到所属区任区委书记。

1949年7月，上级通知，要求参加南下集训的妇女干部迅速集结，离开根据地去追赶部队。8月1日，王巧云随妇女干部队伍来到江西上饶，分配到仪忠惠所在的铅山县做妇女工作，主要任务是发动群众征粮和剿匪，建立人民政权，进行新区重建工作。

8月13日，中央决定，赣东北从冀鲁豫调来的南下干部，做好交接工作，随第二野战军到大西北去开辟新区。开始是说到四川，大家思想上没什么波动，因为四川条件好，相对稳定。后来上级又决定改去贵州，同志们的思想就复杂了，个别同志思想上有些动摇。仪忠惠及时劝说大家服从大局，他说："一个共产党员，要时刻听从党召唤，党指向哪里，就要冲向哪里，党需要我们的时候，不与党一条心，还叫什么共产党员！进军贵州，是党交给我们的光荣任务，只能无条件服从。"经过他耐心细致的说服教育，大家统一了思想，愉快地服从了组织的决定。

1949年9月4日，赣东北的全体南下干部奉命到上饶学习，准备西进。9月27日，西进支队离开上饶，乘火车到达南昌，又经九江乘轮船于10月1日来到武昌，在这里听到中华人民共和国成立的消息，给西进队伍以巨大鼓舞。接着大家又乘船来到湖南湘潭，由湘潭徒步西行，这一段路比较艰难，队伍翻雪峰山，进苗岭，足足走了一个月，11月初到达贵阳。

在贵阳稍做休整，上级就命令鄄城、郓城的部分南下干部立即去桐梓县接管政权。刚刚解放的桐梓，社会秩序混乱，土匪非常猖獗，经常抢人抢物，骚扰新生的政权。由于北方来的女同志很少，上级决定把妇女干部集中在城区工作，不向边远地区分配。王巧云就留在城区工作，仪忠惠到高桥区任区委书记。1950年8月初，根据工作需要，在城区工作的女同志陆续分配到各边远地区开展妇女工作，王巧云分配到仪忠惠所在的高桥区做妇女工作。这时驻守在高桥的我军一个连刚撤走，这里的形势显得非常紧张，国民党政权的职员趁机兴风作浪，原来的国民党区长高树春暗地里与土匪勾结，指挥土匪攻打我区公所。原本悔过自新的匪众不明真相，在敌人的蛊惑下，重新当上了土匪，一时又匪情四起。

这一年，高桥的庄稼长得特别好。8月8日早饭后，仪忠惠带着区里的干部老周和区队的两个战士到桥头村执行任务。王巧云非常担心他们的安全，反复叮嘱他们早点回来，但天黑了也不见仪忠惠他们回来。凌晨时分，王巧云忽然听到有人轻轻敲大门，区队的人都在睡觉，王巧云警惕地看了一下周围，没有人，又听到敲门声。王巧云问："谁？"来人说："快开门，仪政委被打死了。"这噩耗使王巧云感到天昏地暗，她倒在地上。十七岁的她经受了沉重的打击。当地群众帮忙把仪忠惠和另一个牺牲的同志抬回来，停放在区公所进门的走廊上。区里其余几个负责人不

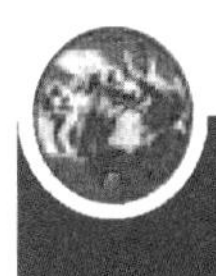

在，通往县里的电话线被土匪割断，只得派人到县里送信。王巧云一人在仪忠惠的旁边守了两天两夜，区里其他人准备应对土匪的攻击。两天后，县里接到消息，公安局局长王正扬、县政府秘书王朴斋二人，冲破土匪层层封锁来到高桥。他们买了棺木，为仪忠惠开了追悼会，并把仪忠惠遗体安葬在他生前为之战斗又献出生命的高桥。

后来区里接到老周的报告，那天上午仪忠惠他们到桥头村，本来可以马上开会，但看到群众正忙于收割，为了不误生产，一直拖到下午才开会。会议结束返回区里时，天已经黑了，他们边走边摆龙门阵，没想到有暗藏的土匪。走到半路时，发现有人在竹林里打枪，仪忠惠大喊卧倒。此时枪声四起，知道被土匪包围了，仪忠惠带头往外冲。土匪几十支枪朝他打，结果他头中数弹牺牲，紧跟仪忠惠的一名区队战士也牺牲了，另一个战士被土匪抓走。老周往河里跳，腿被打伤，因是当地人，逃到老家躲藏才免遭土匪毒手。

仪忠惠为了人民的解放事业献出了自己的宝贵生命，为了缅怀仪忠惠同志功德，桐梓人民把他的遗体转移到桐梓县烈士陵园，并立碑纪念。王巧云半个世纪以来，踏着丈夫的血迹，一直战斗在贵州这片热土上。

（本文发表于2016年7月29日，选自《菏泽日报》）